Zu diesem Buch

Was ist das, tot? Wo sind die Toten, was machen sie jetzt?

Im Alter von etwa sechs Jahren beginnen Kinder, sich mit dem Tod zu beschäftigen. Spätestens beim Tod eines Familienmitgliedes, eines Freundes, aber auch des geliebten Haustiers werden Kinder mit einer endgültigen Tatsache konfrontiert, die sie ertragen müssen.

Wie sie es tun, machen die Zeichnungen und Erzählungen der Kinder deutlich. Wie Eltern ihnen helfen können, diese Trauer zu durchleben, darüber informiert behutsam und kenntnisreich der Sozialpsychologe und Psychoanalytiker Tobias Brocher.

Tobias Brocher

Wenn Kinder trauern

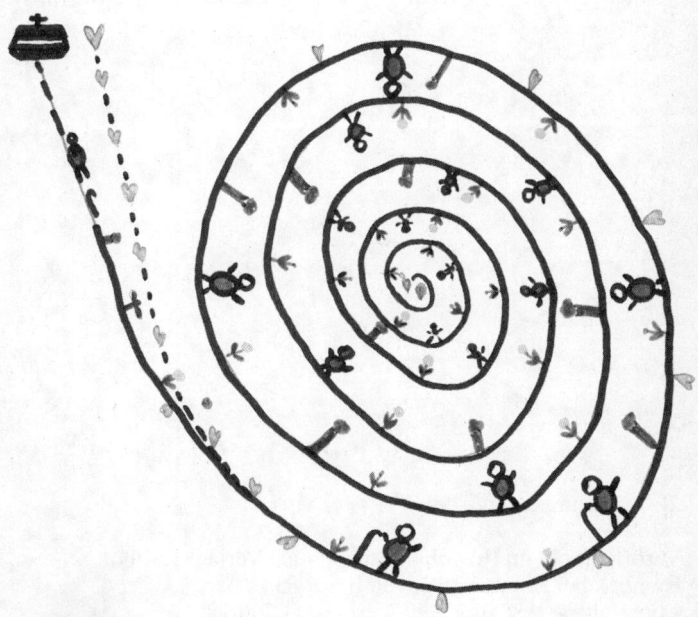

Rowohlt

31.–33. Tausend Juli 1996

Veröffentlicht im Rowohlt Taschenbuch Verlag GmbH,
Reinbek bei Hamburg, November 1985
Copyright © 1980 by Kreuz Verlag AG, Zürich
Umschlaggestaltung Peter Wippermann/Jürgen Kaffer
(Foto: Barbara Kreye/G + J Fotoservice)
Satz Times (Linotron 202)
Gesamtherstellung Clausen & Bosse, Leck
Printed in Germany
990-ISBN 3 499 17950 4

Inhalt

«Ich war schon mal mit meiner Mutti auf dem Friedhof. Da liegen alle toten Menschen unter der Erde. Wie es zugeht unter dem Sand in dem Sarg mit meinem Opi, kann ich nicht genau aufschreiben. Ich habe meine Mutti danach gefragt. Sie hat gesagt: «Opa schläft jetzt für immer da unten und freut sich, wenn wir ihm die schönen Blumen bringen.» Ich habe extra nicht so doll auf sein Grab raufgetreten, als ich geharkt habe, wo sein Kopf ist. Ich habe noch meine Mutti und meine Omi gefragt, wo die vielen Menschen alle bleiben, wenn sie sterben. Als meine Omi aufgehört hat zu gießen, sie war auch dabei, da hat sie gesagt: «An sowas brauchst du noch nicht zu denken. Worüber du dir schon alles Gedanken machst! Du bist doch noch so jung. Opa freut sich, weil du so fein sein Grab geharkt hast.» Ich stelle mir aber vor, wenn ich auf dem Friedhof für immer bin, also richtig tot, dann buddel ich mich aus der Erde. Ich fliege dann in meinem Nachthemd, wohin ich will. Das macht dann Spaß. Nur die Toten sehen sich richtig. Vielleicht können die Leute im Fernsehen die toten Geister in den Fernsehapparat bringen. Das ist dann schön. Dann kann ich vielleicht meine Mutti und meine Omi sehen. Ich verrate ihnen dann schon immer, was morgen und immer so weiter passiert. . Nach dem Tod ist man am schlausten.»

Katharina P., 9 Jahre

An einem Samstag im März ...

fand ich in meinem Briefkasten die Todesanzeige: «Unerwartet ist am 28. März unsere Sabine an einer heimtückischen, unheilbaren Krankheit gestorben. Ihre fröhliche Seele hat nicht gelitten.» Absender waren die Eltern von Sabine. Ich hatte sie gut gekannt, denn ich gab in Sabines Klasse in der Grundschule Religionsunterricht. In mehreren der vorangegangenen Stunden hatte ich mit den Schülern der 4. und 5. Klasse über das Thema «Leben und Sterben» gesprochen. Einige Kinder hatten mich danach gefragt, sie wollten wissen, wie man stirbt, warum es den Tod gibt und was man im Todesfall tun kann. Jetzt war für sie durch Sabines Tod konkrete Erfahrung geworden, was es heißt, nie mehr mit ihr sprechen oder spielen zu können. Ich habe in dieser Klasse dann erlebt, mit wieviel Ernst, ja geradezu erwachsener Haltung die Mitschüler den Tod Sabines aufgenommen haben. Sabine hatte, wie ihre Mitschüler auch, gemalt, wie sie den Tod auffaßte. Mit sämtlichen Rottönen ihres Tuschkastens hatte sie den Hintergrund ihres Bildes gestaltet und ihren Lebenslauf dann mit Filzstiften als eine Spirale darauf geschrieben. Die Farbigkeit der Kinderzeichnungen hat meine Kollegen in der Schule und auch die Eltern überrascht. Für Sabines Eltern war ihr Bild eine große Hilfe; als ich sie nach der Beerdigung besuchte, erinnerten sie sich lebhaft an das, was Sabine aus dem Unterricht erzählt hatte.

Auch mit Oberschülern habe ich über den Tod gesprochen. Die Dreizehn- bis Sechzehnjährigen berichteten mir zunächst von Todesfällen in der eigenen Familie. Die Scheu, ihre eigenen Vorstellungen vom Tod mitzuteilen, verloren sie aber erst, als ich ihnen die Bilder und Äußerungen der Grundschüler vorlegte. Die Aussagen der Neun- bis Zehnjährigen wurden zwar zunächst belächelt, wirkten dann aber wie Zündstoff. Sie genierten sich nicht mehr, zuzugeben, daß sie die Angst vor dem Tod verdrängten, zugleich aber ähnlich phantasievolle Vorstellungen vom Leben nach dem Tod haben wie die Jüngeren.

Nach diesen Erfahrungen mit den Schülern brachte ich das Thema in den Elternabend einer Kirchengemeinde. Die Eltern reagierten zunächst unsicher. Als ich ihnen die Bilder zeigte und die Tonbandaufnahmen mit den Kinderaussagen vorspielte, kam es jedoch zu einem lebhaften Gedankenaustausch darüber. Als sie gingen, meinten sie, nun wollten sie zu Hause mit ihren Kindern auch darüber sprechen.

Was ich erlebt habe, hat mich ermutigt, meine Schüler aufzufordern, ihre Eltern auf dieses Thema anzusprechen. Für Kinder gehört der Tod zum Leben. Ein zwölfjähriger Schüler meinte einmal am Ende einer solchen Diskussion: «Wenn man tot ist, geht es erst richtig los; hier auf der Erde übt man für das ewige Leben.»

Christine Schwickardi

Was ist «richtig tot»?

«Ich war schon mal mit meiner Mutti auf dem Friedhof. Da liegen alle toten Menschen unter der Erde. Wie es zugeht unter dem Sand in dem Sarg mit meinem Opi, kann ich nicht genau aufschreiben. Ich habe meine Mutti damals gefragt. Sie hat gesagt: ‹Opa schläft jetzt für immer da unten und freut sich, wenn wir ihm die schönen Blumen bringen.› Ich habe extra nicht so doll auf sein Grab draufgetreten, als ich geharkt habe, wo sein Kopf ist ...» In Katharinas Vorstellungen ist Opa unverändert irgendwo da unten. Aber die Neunjährige will genauer wissen, «wo die vielen Menschen alle bleiben, wenn sie sterben». Vergeblich, denn die besorgte Omi verschiebt die Antwort: «An so was brauchst du noch nicht zu denken. Worüber du dir schon Gedanken machst! Du bist doch noch so jung.» Katharina wird gewiß noch mehr verwirrt, wenn Omi sie lobt: «Opa freut sich, weil du so fein sein Grab geharkt hast.»

Was ist denn nun wirklich «tot sein»? Liegt der Opa da und freut sich über die Blumen und Besucher? Oder wo ist er?

Katharina rettet sich in ihrem Aufsatz dann in die eigene Phantasie: «Wenn ich auf dem Friedhof ... für immer bin, also richtig tot, dann buddel ich mich aus der Erde. Ich fliege dann in meinem Nachthemd, wohin ich will.»

Was ist also «richtig tot»? Offenbar ist man, wie Katharina meint, «nach dem Tod am schlauesten».

Der Durchschnittserwachsene findet meist, daß Kinder viel zu jung seien, um nach dem Tod zu fragen und darüber nachzudenken. In der Bemühung, die kindliche Unschuld vor Schmerz zu beschützen, wird der Wirklichkeit ausgewichen. Kinder werden auf später vertröstet. So als sei der Tod etwas, das erst am Ende eines Lebens, viel später gleichsam, hinzugefügt wird. Aber auch Kinder können sterben: Altersgenossen, Geschwister, Schulfreunde – durch Krankheiten, Unfälle und tragisches Mißgeschick. Dabei ist das Interesse des jüngeren Kindes zunächst weit mehr auf ein Verstehen der Wirklichkeit gerichtet als etwa auf religiös oder philosophisch verbrämte Schutzerklärungen der Erwachsenen, die noch außerhalb der frühen Bildwelt des Kindes liegen.

Die folgenden Beispiele der Bilder und Texte fordern jeden Erwachsenen, besonders aber Eltern und Erzieher zu ernsthaftem Nachdenken und Lernen auf. Ich möchte aber zunächst zwei sehr persönliche Erfahrungen voranstellen, die in meine eigene Kindheit und in die frühen Jahre meiner Kinder zurückreichen.

Mein um einige Jahre älterer Bruder starb an einer unheilbaren Nierenerkrankung, als ich fünf Jahre alt war. Durch seine sich lange hinziehende Krankheit war ich, wenn auch mit Ängsten, doch schon daran gewöhnt, daß er immer wieder einmal plötzlich ins Krankenhaus mußte, aber nach einigen Tagen oder Wochen zurückkehrte. Als er starb, erklärte mir niemand, was Tod war. Auch wurde ich zum Schutz vom Begräbnis ferngehalten. Die Aufregung und Trauer der Eltern verwirrten mich. Als ich Wochen danach zum erstenmal mit meiner Mutter zu dem bereits mit Efeu bepflanzten Grabhügel gehen durfte, war ich fest davon überzeugt, daß mein Bruder direkt in diesem Grabhügel liege. Ich glaubte, ihn erreichen zu können, wenn ich meinen Finger tief genug in die Seite des Grabhügels hineinbohrte. Völlig unverständlich war mir zunächst, daß er nie mehr zurückkehren könne. Der sanfte Hinweis, daß er nun im Himmel sei, ließ mich mit noch mehr Unklarheit zurück. Erst die viel spätere, rauhere Erklärung des alten Totengräbers, der mir beim Ausheben eines neuen Grabes die Gebeine und Schädel längst Verstorbener herzeigte, brachte erschreckende Klarheit, die zunächst Angst vor Skelettbildern bewirkte. Diese Angst verschwand erst, als mir ein Arzt bald darauf an einem solchen Skelett eine anatomische Vorlesung hielt. Dennoch: Mein neues Wissen war damit realistisch. Ich wußte nun, daß Tote im Grabe mit der Zeit verfallen und in der Gestalt, in der sie gelebt hatten, nur in unserer Erinnerung existieren. Es war kein Schrecken, wie viele Erwachsene meinen, sondern Verstehen, daß Tod Vergehen des Leibes ist, so wie Blumen welken, sterben und dennoch im Frühling zu neuem Leben erwachen.

Meine eigenen Kinder durchliefen eine Entwicklungsphase, die anläßlich einer Fahrt in die nahe gelegene Stadt in ihrer scheinbar ungewöhnlichen Bitte gipfelte, ihnen aus dem Spielwarenladen in der Stadt einen Leichenwagen mit schwarzen Pferden für ihr kleines Modelldorf mitzubringen. Sie hatten in ihrem kleinen Spieldorf alle Dinge wie Häuser, Tiere und Menschen; aber der Leichenwagen fehlte. Wir lebten damals in einer ländlichen Umgebung, und ich verstand erst in diesem Augenblick, daß beide Kinder ohne unser Wissen des öfteren mit den anderen Kindern den in der Nähe vorbeiziehenden Leichenzug beobachtet hatten und ihm zum Friedhof gefolgt waren, dort die Gräber mit Blumen schmückten und zu verstehen suchten, was Tod bedeutete. Deshalb gehörte nun folgerichtig auch der Tod zum Leben ihres kleinen Spielzeugdorfes, in dem sich alle Ereignisse der Kleinstadt, in der wir lebten, deutlich widerspiegelten, also auch der Leichenwagen, ohne den Begräbnisse nicht denkbar waren. Makaber? Oder waren es besonders abwegige Kinder, die sich für Begräbnisse interessieren? Keineswegs, denn Erwachsene würden bei ernsthafter Anstrengung ihres Gedächtnisses sich an jenen kindlichen Forschungsdrang erinnern, der in der Suche nach Verstehen Kinder dazu bringt, einen toten Vogel oder eine überfahrene Katze, die sie vor wenigen Tagen feierlich und mit Trauerzeremonien begraben haben, plötzlich mit leichtem Schauder vorsichtig zögernd wieder auszugraben, nur um zu sehen, was aus dem toten Tier geworden ist.

Ich erinnere mich an das etwas verwunderte Gesicht des Spielwarenhändlers, als ich ihn auftragsgemäß nach der Existenz eines Leichenwagens fragte, aber auch an mein etwas betretenes Zögern. Nach kurzer Erklärung verstand er jedoch den Zusammenhang und wußte sofort Rat. Innerhalb einer kurzen Wartezeit, in der ich anderes erledigen konnte, hatte er ein passendes Gespann mit schwarzer Farbe und Silbertressen wirklichkeitsnahe umgewandelt. Das Begräbnisspiel mit feierlichem Zeremoniell der Kinder und ihrer Freunde wiederholte sich für eine Weile, dann erlosch das Interesse, und sie wandten sich anderem zu. Was blieb, war offensichtlich ein kindlich klares Bewußtsein, daß die Zeitstrecke des Lebens nicht umkehrbar und ihre Dauer ungewiß sei, ohne daß eine besondere Angst vor dem «Totsein» verblieben wäre. Tod und Leben gehörten in dieser Kinderwelt zusammen, so wie alles, was sich in der Welt des an der Wirklichkeit interessierten Kindes abspielte, realistisch wahrgenommen, angeeignet und ausreichend verstanden werden mußte.

Sind wir es also, die Erwachsenen und Eltern, die dem Kinde Scheu und Furcht vor dem Tode anerziehen, weil wir selbst möglichst vermeiden wollen, an diese unausweichliche Wirklichkeit des Lebens zu rühren? Wäre es dann vielleicht an der Zeit, aus den direkten Aussagen und bildhaften Vorstellungen der Kinder zu lernen, die ganz anders, zum Teil wirklicher, und doch wiederum phantasievoller der unausweichlichen Wirklichkeit des Todes begegnen? Es ist eine schmerzvolle Wirklichkeit. Sie trifft jung und alt, Familienangehörige, Freunde und Nachbarn.

Deshalb begegnen Kinder dem Tod unweigerlich meist früher, als die meisten Erwachsenen annehmen. Die Rätselhaftigkeit des Verschwindens, des «Wegseins» und der Bewegungslosigkeit bedarf in jedem Fall einer Erklärung von seiten der Erwachsenen, sobald ein Kind fragt. Oft ist die Frage nicht direkt, sondern verhüllt durch unklare Ängste. Was soll ein Kind zum Beispiel mit dem Wort «Krematorium» oder «Feuerbestattung» anfangen? Angst vor Feuer und Verbrennen besteht ohnehin durch viele berechtigte, vorausgegangene Warnungen. Warum aber wird ein Toter verbrannt? Und was geschieht mit der Asche? Selbst die meisten Erwachsenen sind sich über den ursprünglich hygienischen Hintergrund der Leichenverbrennung zur Verhinderung von Infektionen nicht im klaren.

Nimmt ein Kind die oft zynisch angewandte Redensart «... die Radieschen von unten besehen» wörtlich, so erscheint sein Bedürfnis, Pflanzen mit der Wurzel auszurupfen, in ganz anderem Licht, so als fände man darunter den, der die Pflanzen «von unten ansieht».

Schon an diesen kurzen Beispielen wird erkennbar, wie wichtig es für das Kind ist, zwischen dem Absterben und Verfall des Leibes als einer überlebten Form und der Zeitlosigkeit der Seele zu unterscheiden. Die Erklärung für das Kind sollte in jedem Fall neben der sachlich behutsamen Information den Hinweis auf diesen Unterschied enthalten. Gewiß sind die Toten auf dem Friedhof, aber sie leben in uns fort, zeitlos und, je nach dem religiösen Glauben der Eltern, geborgen in Ewigkeit.

«Wenn ich mal tot bin ...»

Was von Kindern zu lernen ist

Aber lassen wir Kinder selbst sprechen, wie sie den Tod erleben. Die nachfolgenden Farbzeichnungen und Aufsätze von Neun- bis Zehnjährigen und Aufsätze von Jugendlichen in den Reifejahren stellen einen realistischen Ausschnitt dessen dar, wie Kinder verschiedener Altersgruppen den Tod erleben. Wir werden daraus nicht ohne weiteres für jede Altersgruppe oder die verschiedenen Kulturen innerhalb einer Gesellschaft endgültige Schlüsse ziehen können. Krankheit, Sterben und Tod sind in jeder Gesellschaft an bestimmte, unterschiedliche Rituale, Trauerformen und Vorstellungen gebunden, die sich einerseits in sozial vorgeformten Verhaltensweisen, abhängig von den religiösen Glaubensvorstellungen, ausdrücken und andererseits von der jeweils besonderen Familienform und den persönlichen Beziehungen zwischen den Überlebenden und den Verstorbenen bestimmt sind. Deshalb lassen sich indirekt aus den Bildern und Worten der Kinder gewisse Rückschlüsse ziehen, ob Geborgenheit, Zuversicht und Vertrauen überwiegen oder Unsicherheit und Ängste, die nicht bewältigt sind. Für Eltern käme es darauf an, aus solchen bildhaften Vorstellungen zweierlei zu lernen:

14

Einmal gilt es zu sehen, wie weit die kindlichen Aussagen widerspiegeln, was von der Umgebung vermittelt wurde. Zum zweiten bietet jedes Kind mit seiner individuellen Lösung einen Lebensentwurf an, der sorgfältige Beachtung finden sollte.

Die tägliche Redewendung von einem, der «nicht leben und nicht sterben kann», verweist uns deutlich auf die Tatsache, daß das Sterben zum Leben gehört. Ohne die volle, innere Annahme des Todes als einer endgültigen Gewißheit allen Lebens kann niemand wirklich leben, es sei denn mit einer unhaltbaren Lebenslüge, die allzu schnell zusammenbricht. Obwohl wir als Erwachsene das meist nicht gerne wahrhaben möchten, wissen Kinder weit früher und auf viel direktere, instinktivere Weise, nämlich auf der Gefühlsebene, um den Tod, von dem ihre Lebensziele bestimmt werden. Dabei gibt es eine Reihe von Vorstellungen, die sich wiederholen: Wachstum, Leben und Sterben wie in der Symbolik der Jahreszeiten in der Natur. Wiederkehr zu einem neuen Leben. Eigenliebe, die bedauert, wie einsam die Hinterbliebenen sich fühlen mögen. Und schließlich die Hoffnung, bei Gott zu sein, obwohl für einige Kinder Gott wohl große Mühe hat, all die Toten zu zählen. Die Hauptfrage des Kindes bleibt der des Erwachsenen ähnlich: Wo werde ich sein?

Die Wahrheit der augustinischen Aussage: «Mein Herz ist unruhig, bis es ruhet in DIR» erscheint fast wörtlich in der Beschreibung der neunjährigen Martina: «Wenn ich auch mal sterbe, aber mein Herz stirbt dann nicht, weil immer im Herzen alles gut ist ...» Martina sieht den Lebensablauf als eine Spirale, die sich schneckenförmig weitet (siehe Tafelteil I). Trotz Grab und Sarg wendet sich die Lebenslinie nach oben. Offenbar gibt es für sie eine Wachstumslinie, denn auf der letzten Strecke hält Martina einen Krückstock in der Hand, der ihr Alter stützen soll. Aber es gibt daneben eine Herzenslinie mit vielen roten Herzen am Wegrand, und das Herz endet nicht im Sarg: «Und im Himmel ist auch alles gut ... wie im Herzen.» Urvertrauen aus Liebe und Hoffnung auf Liebe, die den Tod überwindet, spiegeln sich in Martinas Bewußtsein. Ist diese Lebenserwartung wirklich zu erschüttern? Wir werden die Frage nicht beantworten können, denn nur Martina selbst wird vielleicht in fünfzig Jahren zurückblicken und sich fragen, ob ihre Zuversicht des Herzens sich bestätigt hat. Kein Zweifel, daß Martina ein klares, fast nüchternes Wissen um den Lebensablauf hat und darauf vertraut, daß «im Herzen alles gut ist». Fast scheint es, als sei dieses Kind eines Trostes mächtig, über den viele Erwachsene nicht verfügen.

Erikson hat die Bedeutung von Urvertrauen und Urmißtrauen in der Entwicklung der ersten Lebensjahre betont. Martinas Gewißheit beruht wahrscheinlich auf dem Verhalten einer Umgebung, die diese Herzlichkeit vermittelt haben muß. Tod ist für sie kein Schrecken, sondern eine Wirklichkeit, die zum Leben gehört: «... bis es ruht in DIR!»

Ganz anders erlebt Timo K. mit acht Jahren (sein Bild ist im Tafelteil auf Seite II abgedruckt): Ein Fall ins Nichts, «aber immer noch auf eine Art Straße». Tod als Nichts und Leben sind durch eine scharfe Grenze voneinander geschieden. Oben blühen die Blumen, unten ist es dunkel, und nur die gewundene Straße verheißt vage ein unbekanntes Ziel. Timo wird nicht ins Grab gelegt. Er fällt ins Grab. Wie naheliegend ist es für ein Kind, den Ausdruck «im Kriege gefallen» so wörtlich zu nehmen, daß dann alle «Gefallenen» in ein Nichts stürzen! Aber denken Erwachsene und Eltern viel anders über das Leben nach dem Tode? Timo glaubt offenbar, daß da noch ein langer Weg bevorsteht. Die Vorstellung, daß im Jenseits noch etwas zu bewältigen sei, ein langer Marsch «auf einer Art Straße» bevorsteht, verschiebt die Aufgaben des Lebens in das unbekannte Nichts. Eine durchaus häufige Vorstellung auch aufgeklärter Erwachsener. Timo bleibt jedoch auch im Nichts ein Ich, eine Vorstellung, an die wir alle uns gerne halten, weil die Kränkung der Eigenliebe beim Gedanken an den Verlust des so wichtigen Ich einfach zu unerträglich ist.

Ullis Bild finden Sie auf Seite III im Tafelteil. Auch er «fällt» ins Grab, aber seine Vorstellung ist viel gewaltsamer: Er «zerfällt in tausend Fetzen». Fast bewahrheitet sich in diesem Bild, daß alles Menschenwerk eben Stückwerk ist, aber Ullis Phantasie scheint mehr von dem Bild einer Explosion geleitet zu sein. Menschen werden von Granaten und Bomben im Krieg «zerfetzt». Woher stammt Ullis Todesbild? Es mögen Erzählungen sein, übernommene Bilder von Filmen oder Fernseherlebnissen, aber Ulli ist offenbar auch überzeugt, daß nichts von der früheren Existenz übrigbleibt. Vielleicht müßten wir aber doch auch darüber nachdenken, wie viele Kinder und Jugendliche unsere Welt als eine Art Zusammensetzspiel aus tausend Stücken und Erlebnisfetzen verstehen, die nur noch schwer zusammenzuhalten sind. Was bei Drogensüchtigen als Grundlage des seelisch krankmachenden Konflikts heute als «fragmentiertes Ich» bezeichnet wird, ist die innere Ansammlung von Teilerlebnissen und Teilidentifizierungen, die sich nicht mehr zu einem sinngebenden Ganzen zusammenfügen. Aufgesplittert in Erlebnisfetzen, erfahren sich viele junge Menschen bereits als «innerlich tot», mit dem Ergebnis, daß sie in die Illusionswelt der Drogenwirkungen fliehen, um so wenigstens noch ein Scheinleben retten zu können.

Wie wichtig ist im Gegensatz zu Ullis Todesvorstellung Michaels kindlich offener Wunsch: «Ich möchte noch einmal auferstehen», der auf eine ganz andere, hoffnungsfrohere Lebenseinstellung hinweist. (Sein Bild ist im Tafelteil auf Seite IV abgedruckt.) Auferstehung bedeutet in der Vorstellungswelt des Kindes ein Neuwerden und enthält ein unbewußtes Vorausahnen, daß jede neue Lebensstufe der menschlichen Entwicklung das Absterben und den Abschied von einer überlebten Form und zugleich Auferstehung zu einem neuen Anfang der nächsten Lebensstufe bedeutet. Obwohl wir als Erwachsene im religiösen Zusammenhang Auferstehung als ein Geschehen jenseits des Todes deuten, weist die Lebenswirklichkeit doch darauf hin, daß wir auf diesen letzten Lebensübergang beinahe täglich vorbereitet werden, wenn wir uns bemühen, so wie Michael, Auferstehen in einem neuen Zusammenhang zu sehen. In moderner Selbstverherrlichung haben wir jene menschliche Bescheidenheit verlernt, die einst jedes Kind in dem einfachen Abendlied als selbstverständlich lernte: «Morgen früh – wenn Gott will – wirst du wieder geweckt ...» Hinter dem kindlichen Wunsch nach Wiederauferstehung steht aber auch für uns Erwachsene die Hoffnung auf Gerechtigkeit, das Bewußtsein, im Leben Verantwortung übernehmen zu müssen für alles, was uns dann in dieser Auferstehung erkennbar werden mag. Insofern weist Michaels Wunsch weit über sein Alter hinaus, mit dem Ergebnis, daß seine Gewissensbildung anders verlaufen wird als bei Kindern, die überzeugt sind, daß der Tod im Nichts endet oder das Leben in Fetzen zerfällt.

Claudia V. mag den Tod nicht, «weil der Tod nicht schön ist». Ihre Tröstung mit dem Paradies (siehe Seite V im Tafelteil) erfüllt alle kindlichen Lebenshoffnungen: Es gibt genug zu essen, Spielzeug, Schlittschuhe, Hampelmann, Bär, Puppe, Ball und das geliebte Karnickel füllen ihre Paradieswelt, die überstrahlt ist von einer mächtigen, wärmenden Sonne. Es sind kleine Paradiesinseln, auf denen sich das Kinderleben fortsetzen läßt. Tod ist noch nicht wirklich annehmbar geworden. Ähnlich wie bei Drei- bis Vierjährigen, die Tod nur als eine Abwesenheit verstehen können, die Trennungsängste in ihnen auslöst, bleibt Claudia in der Allmachtsvorstellung des kleineren Kindes, das sich magische Wunscherfüllungen aufbaut. Im Alter von vier bis fünf Jahren beginnen die meisten Kinder den Tod zunächst als ein Ereignis zu verstehen, das anderen zustößt. Die Großmutter stirbt, die Katze wird überfahren oder ein totes Tier liegt am

Wegrand. Die Vorstellung des Todes ist noch sehr unbestimmt und wird mehr mit Schlaf, Dunkelheit oder Bewegungslosigkeit verbunden. In diesem Alter reagieren Kinder mehr spontan und mit geringerer Angst auf Fragen nach dem Tod als später, weil sie meist die Endgültigkeit und persönliche Bedeutung noch nicht voll begreifen. Im Gegensatz dazu sind Kinder im Alter zwischen fünf und neun Jahren eher zögernd in der Erwähnung von Tod und Sterben. In dieser Altersspanne beginnt normalerweise eine gewisse Furcht vor dem Tod, die dann durch Wunschphantasien ausgeglichen wird.

Eine Langzeitstudie an 600 Kindern hat gezeigt, daß Kinder im Alter von fünf bis sechs Jahren sich vorstellen, Verstorbene würden in der gleichen Form für immer fortbestehen oder möglicherweise in einer anderen Gestalt ins Leben zurückkehren. (Letztere Vorstellung enspricht orientalischen Glaubensformen, von denen Kinder nichts wissen, außer in Regionen, in denen sie durch Kinder anderer Nationalität und anderer Kulturen davon hören.)

Im Alter von sieben Jahren wissen die meisten Kinder, daß der Leib zerfällt. Dieser Gedanke erscheint jedoch schon im Alter von acht bis neun Jahren so unannehmbar und unerträglich, daß die meisten Kinder dieser Altersgruppe zunehmend an eine Unsterblichkeit zu glauben beginnen, unabhängig von katholischer, protestantischer oder anderer Religionszugehörigkeit. Diese Vorstellung verstärkt sich, wie die zuvor erwähnte Studie gezeigt hat, bis zum Alter von dreizehn bis vierzehn Jahren und fällt dann bei Jugendlichen, je nach der Religionszugehörigkeit, deutlich ab.

Die Aussagen der Neunjährigen bestätigen, daß die meisten Kinder zwischen neun und zehn Jahren den Tod realistisch als ein Ereignis sehen, das jedermann, so auch sie selbst, irgendwann trifft. Dennoch versteht diese Altersgruppe sich selbst, darin ähnlich den meisten Jugendlichen des Reifealters, als unendlich weit entfernt von Alter, Krankheit und Tod. Ein sozialer Faktor spielt eine entscheidende Rolle in der Art der Todesvorstellungen: Während Kinder der Mittelschicht Tod mehr als Folge von Alter und Krankheit erleben, häufen sich bei Kindern aus zerbrochenen Familien und in unteren Sozialschichten Vorstellungen vom Tod als Folge von Gewalt, Unfällen und Selbstmord.

In Katrins Bild (siehe Seite VI im Tafelteil) und ihrer Beschreibung kommt eine solche explosive Vorstellung zum Ausdruck: «Ich stelle mir vor, daß ich, wenn ich im Grab bin, so lange drin bleibe, bis die Welt von der Sonne verbrannt worden ist.» Zur Wiedergeburt bedarf es der explosiven Gewalt: «Dann fängt die ganze Welt wieder an.» Katrin bleibt bei der Wiedergeburt «von meiner Mutti» und sieht den unabänderlichen Gleichlauf als eine Wiederholung des Ganzen von vorne.

Vor einiger Zeit fand ich eine Karikatur, die über fünf Generationen hinweg reichte: In jedem Bild sprach eine Mutter zu der vor ihr stehenden Drei-Käse-hoch-Tochter: «Warte nur, bis du eine Mutter bist!» Es begann 1870 mit entsprechenden Differenzen in der Kleidung, im nächsten Bild war die kleine Tochter dann die Mutter, die gleichen Worte zu ihrer Tochter wiederholend und so fort in der Folge von fünf Müttern und Töchtern. Katrins Aussage mag mit dem Erlebnis der weiblichen Rolle im Durchschnittshaushalt zu tun haben: Immer das gleiche, immer wieder von vorne. Es bedarf eines gewaltsamen Einbruches, um diesen Gleichlauf zu unterbrechen. Aber die explosive, gewaltsame Befreiung aus einer Art lebendigen Begrabenseins enthüllt zugleich Katrins Problem, Leben und Tod noch nicht miteinander verbinden zu können.

Tod als Wandlung und Wiederkehr findet sich bei Dörte K. und Peter B. Beide beziehen sich auf Gott, aber Dörte (ihr Bild ist

20

auf Seite VII im Tafelteil abgedruckt) erscheint beinahe als Repräsentantin eines orientalischen Karma-Glaubens, von dem sie kaum etwas wissen dürfte. Gott verwandelt sie in ein Baby, das wieder zur Welt kommt, aber es jedesmal besser machen kann als zuvor: Endlose Seelenwanderung, bis alles wieder von vorne anfängt. Kreislauf des Lebens mit dem Regenbogen als tiefverankertem Symbol einer Brücke in den Himmel.

Peter B. (sein Bild findet sich auf Seite VIII im Tafelteil) erscheint nüchterner und bescheidener. Er wacht wieder auf, wenn er bei Gott ist, und überläßt es eher ihm, was weiterhin geschieht. Ähnlich wie Martina erlebt Peter Leben und Tod zusammen als einen Ablauf, nicht ohne als Zwischenstation zu Gott das Grab eher als eine Erhöhung zu sehen. Sein Leben ist in bunten Farben in Abschnitte unterteilt, die vom Dunkel ins Farbighelle gehen. Daß die Lebens- und Fortpflanzungsfragen sowie die Generationenfolge ihn sehr interessieren, wird an der Parallele des Familienwachstums von Mensch und Tier deutlich. So nahe die Versuchung zur Interpretation der einzelnen Abschnitte hier liegt, das religiöse Grundmotiv der Annahme des Lebens als Ablauf einer bestimmten Strecke, auf der Entwicklungen erwartet und vollzogen werden müssen, ist bei diesem Neunjährigen klar ausgeprägt, obwohl Peter, seiner Altersgruppe entsprechend, den Tod als noch unendlich weit, nach Durchlaufen einer langen Lebensstrecke, sieht, die in der sich erweiternden Lebensspirale deutlich Abschnitte enthält, in denen man immer wieder an gleichen Stellen ankommt, die sich dann am Ende überlagern.

Es ist gewiß nicht nur Mangel an zeichnerischer Ausdrucksfähigkeit, daß alle späteren, jenseits des 22. Abschnittes liegenden Sektoren nur noch als Farblinien erscheinen, ebenso wie die fünf verschiedenen Farblinien konsequent bis zum Grabe durchgehen und sich in «bei Gott sein» widerspiegeln.

Vielmehr bezeugt Peter die im Glauben vertiefte Erwartung eines Lebensablaufes zu einem vorbestimmten Ziel.

Andreas Sch., 9 Jahre

«Ich liege erst im Bett zu Hause und dann im Bett draußen.
Vielleicht ist es im Winter sehr kalt, und dann friert man nicht,
weil der Sarg eine weiße, dicke Decke hat.
Im Sarg, glaube ich, müssen meine Oma und mein Opi
auf den lieben Gott warten, weil der noch so viel arbeiten muß
mit den anderen toten Menschen. Weil er die Seelen zählt.»

Gabriele, 10 Jahre

«Gott hat gedacht, die Kinder werden alt.
Die Hasen und alle Tiere werden alt.
Und die Bäume werden alt.
Nur die Menschen kriegen einen Sarg.
Den beobachtet Gott durch den Sand.»

Wie sehr das Erlebnis elterlicher Kontrolle in der kindlichen Vorstellung schließlich auf Gott und das Leben der Toten übertragen wird, demonstrieren Andreas und Gabriele.

Für Andreas müssen die Toten schlangestehen und warten, bis sie dran sind, weil Gott so viel Arbeit mit dem Zählen der Toten hat.

Und für Gabriele steht sicher fest, daß Gott (Vater?) alles sieht, denn er beobachtet sogar durch den Sand hindurch, «was die Toten im Sarg machen». Selbst im Tod ist man also nicht sicher vor der dauernden Aufsicht, vor der sich nichts verbergen läßt. Dahinter stehen aber auch die unlösbaren Fragen beider Kinder: «Was machen eigentlich die Toten im Sarg?» Und: «Was macht denn Gott nur mit all den Toten? Wo bleiben die denn? Der Himmel muß doch voll sein!»

Andrea K., 8 Jahre

«Ich stelle mir vor, wenn ich tot bin und im Sarg
liege,
daß es ganz dunkel ist.
Und ob ich schon auf einem anderen Sarg liege
oder ob unter meinem Sarg nur Sand ist.
Was meine Eltern machen und meine Omas machen
würden.
Wie lange sie trauern würden.»

Wie so viele Kinder – halb im Zorn, halb in geheimer Vergeltungsangst – phantasiert Andrea, «was meine Eltern machen und meine Omas machen würden. Wie lange sie trauern würden.» Hier kehrt eine durchaus typische Kindheitsvorstellung wieder, die viele Erwachsene später verdrängen, obwohl sie von manchen berühmten Autoren und erfolgreichen Erwachsenen mit leicht beschämtem Spott erinnert wird: In ohnmächtigem Zorn über Eltern, die einen Wunsch versagt haben oder von denen man sich schlecht behandelt fühlt, phantasieren Kinder, wie traurig die Eltern sein würden und wie sehr sie leiden und ihre Ungerechtigkeit einsehen müßten, wenn sie am Sarge ihres dann toten Kindes stehen. Es ist eine Art ohnmächtiger Bestrafungsphantasie, hinter der freilich auch oft der unterdrückte Wunsch steht, die «bösen» Eltern zum Teufel zu wünschen. Aus Angst vor magischer Vergeltung wird dieser Wunsch dann umgekehrt und das Selbstmitleid auf die trauernd leidenden Eltern übertragen, die es hätten besser wissen müssen. «Das haben sie nun davon!» ist die hilflose Formel aus Trotz und Selbstmitleid. Dennoch sollten solche Phantasien nicht unterschätzt werden. Bei jüngeren Kindern können sie zu unbeabsichtigten Unfällen führen, wodurch Schuldgefühle über die geheimen Rache- und Todeswünsche abreagiert werden. Gefährlicher ist ein Fortbestehen solcher Phantasien der frühen Kindheit in der Pubertät und Adoleszenz dann, wenn ernste Konflikte zwischen Eltern und Jugendlichen entstehen. Die Versuchung und größere Aktionsfähigkeit können zu einer Selbstmorddemonstration führen, die durch unglückliche Umstände, wie etwa das Ausbleiben der erwarteten oder eingeplanten Rückkehr der Eltern oder Dritter, mit dem unbeabsichtigten Tod des Jugendlichen enden kann, obgleich ursprünglich der Selbstmordversuch nur als ein Warnsignal gedacht war.

Eltern versuchen oft, Kinder zu beruhigen und ihnen mit der Vorstellung eines glücklichen Lebens im Himmel zu helfen, dessen sich die Verstorbenen erfreuen. Eine Mutter, die ihren siebenjährigen Sohn über den Verlust des Vaters mit einem farbenfrohen paradiesischen Bild des Himmels zu trösten versucht hatte, war sehr verstört, als sie Wochen später den Sohn im Keller mit einer blutenden Wunde am Kopf fand. In der Phantasie, daß der verunglückte Vater ein so wundervolles Leben im Himmel habe, hatte der Siebenjährige absichtlich mit voller Wucht seinen Kopf mehrfach gegen eine Wand gerammt. In der Klinik, während der Versorgung der Wunde, erklärte er, sein Vater habe ein so schönes Leben im Himmel, daß er lieber bei ihm sein und gemeinsame Ausflüge mit dem Vater machen wolle. Er habe gedacht, daß er sterben würde, wenn er sich den Schädel einrenne. Die unbewußte Identifizierung mit dem Vater, dessen Schädel bei dem Autounfall zertrümmert wurde, entging zunächst der Aufmerksamkeit der Umgebung.

Uwe B., 10 Jahre

«Ich möchte noch einmal auferstehen, weil ich dann jede Zukunft erleben kann.»

Christlicher Glaube verheißt Auferstehung der Gerechten und verspricht damit Kindern Schutz im Widerstand gegen ein Denken, Wollen und Handeln, das nicht im Einklang mit ihrem noch kindlichen Gewissen steht.

Der Wunsch, gut sein zu wollen, überwiegt bei den meisten Kindern in diesem Alter. Das hat seinen Grund in der allmählichen Reifung des Gewissens. Während Kinder in jüngeren Jahren engere Kontrolle durch Eltern und Erwachsene der Umgebung als einen wirksamen Schutz von außen gegen innere Versuchungen und dranghafte Triebwünsche erleben, müssen Kinder jenseits des siebten Lebensjahres eigene Gewissenskontrolle von innen her erlernen. Das geschieht zu einer Zeit, in der Kinder durch ihre größere Bewegungsfreiheit längst erkannt haben, daß die äußere Kontrolle der Eltern umgangen werden kann. Eltern sehen und wissen eben nicht alles und können keinesfalls Gedanken lesen. Deshalb finden religiöses Bewußtsein und der Glaube an die Anwesenheit Gottes in diesem Vor-Reifealter großen Anklang, weil beides wiederum einen Schutz vor vielerlei Versuchungen verspricht, der nicht mehr allein von den Eltern kommen kann.

Auch ist das Zeitbewußtsein verändert, wodurch Kinder Aufschub drängender Wünsche wesentlich deshalb erlernen, weil erstmalig ein Wissen darum besteht, daß unser Leben auf ein Ende hin ausgerichtet ist, das Rechenschaft fordert. Kinder übertragen dieses erste Wissen um die eigene Verantwortlichkeit schon früh auf ihr tägliches Tun und Erleben.

Der Glaube an eine Auferstehung überbietet den jedem Kind zunächst unerträglichen Gedanken an den Tod, denn er verheißt Hoffnung und Wandlung. Der Unterschied zwischen weiblichen und männlichen Vorstellungen ist dabei kein Zufall. Bei vielen Mädchen in diesem Alter ist der Gedanke an Auferstehung mit dem Bild der Wiedergeburt verbunden. Darin kommt auch zum Ausdruck, daß Mädchen früher als Jungen aus Beobachtung und natürlicher Neugier instinktiv mehr über den Geburtsvorgang wissen, eben weil nur Frauen Kinder gebären können. Aus dem Bedürfnis, lange Kind bleiben zu können und nicht alt werden zu müssen, formt sich der kindliche Wunsch und die Hoffnung auf eine sich immer wieder erneuernde Zukunft wie bei Uwe: «... weil ich dann jede Zukunft erleben kann.»

Bei den Neunjährigen kommt deutlich zum Ausdruck, was im Grunde die meisten Erwachsenen bewegt und belebt: die Erwartung einer Zukunft, die zwar ungewiß ist, aber als neu und erregend und voller Hoffnung als «besser» vorgestellt wird.

Im Grunde entspricht aber dieses Prinzip Hoffnung, das bei den Neunjährigen im Vordergrund steht, durchaus der Wirklichkeit menschlichen Lebens, denn im Abschied von einer überlebten Form jüngerer Jahre eröffnet sich tatsächlich stets eine neue Zukunft, die durchlebt werden muß, bis auch sie abstirbt, um zur Auferstehung neu gelebten Lebens aufzurufen. Wiedergeburt – eine Hoffnung, die viele Erwachsene im Inneren hegen – bedeutet aber auch nicht nur, wieder Kind sein zu können, sondern vielleicht auch, es in der Wiederholung «besser» machen zu können als zuvor. Die Vorahnung der großen Wandlungen im Reifealter bewirkt bei den neunjährigen Mädchen und Knaben eine unbewußte Vorbereitung auf den Tod des kindlichen Erlebens im langen Übergang der Reifejahre, zum vorläufigen Ziel des jungen Erwachsenen hin. Je sensibler die Gewissensfunktion sich in diesem Alter im Gedanken an die Auferstehung ausprägen kann, desto weniger Probleme hat der spätere Jugendliche in der Meisterung und Beherrschung der ihn überwältigenden Triebkräfte durch einen wirksamen Schutz von innen her. Statt Trauer, Niedergeschlagenheit und Zweifel im Abschied von der absterbenden Kindheit werden Hoffnung und Zukunftsrichtung deutlich überwiegen, wenn Tod und Sterben dem Kind auf diese Weise als zum Leben gehörend rechtzeitig verdeutlicht werden.

Grundfragen für die Eltern

Bevor wir uns den Aussagen Jugendlicher zuwenden können, müssen wir uns fragen, was diese Malereien und oft nur kurzen Sätze für Eltern und Erzieher bedeuten.

Zunächst scheint es notwendig, einen grundsätzlichen Irrtum zu korrigieren, den viele Erwachsene lange Zeit beibehalten und unbewußt in die Vorstellungswelt des Kindes übertragen: Der Tod ist keineswegs ein Ereignis, das am Ende des Lebens gleichsam angestückt wird, sondern vielmehr Teil unseres natürlichen Lebensablaufes. Bei jedem Abschied, jeder Änderung, jedem neuen Lebensjahr und anläßlich jedes Jubiläums und Gedenkens werden wir daran erinnert, daß unsere Lebensstrecke begrenzt und die uns zugemessene Zeit nicht umkehrbar ist. Selbst der Schlaf ist ein Versinken in eine uns unbekannt bleibende Welt, freilich von der Erwartung begleitet, daß wir am nächsten Morgen erfrischt wieder zu neuem Leben erwachen. Die Chinesen lehren ihre Kinder, daß der Schlaf der kleine Bruder des Todes sei.

Schon hier fallen Entscheidungen für die Erziehung. Sagen wir einem Kinde, daß Opa nun auf dem Friedhof mit den anderen Toten «schläft», so kann die kindliche Phantasie daraus eine ganz reale Angst vor dem Einschlafen entwickeln. Angstträume und unterbrochener, unruhiger Schlaf können die vorübergehende Antwort sein. Aus den Bildern und Worten der Kinder können wir aber auch schließen, wie das einzelne Kind seine ganz persönliche Lösung findet, die oft nüchterner ist als die der trauernden Erwachsenen.

Einige einfache Grundfragen sollten wir uns in jedem Fall stellen.

1. Wann können wir mit unseren Kindern über den Tod sprechen?

Das Thema sollte stets spontan sofort aufgegriffen werden, zum Beispiel wenn ein kleineres Kind fragt: «Warum schwimmt der Goldfisch nicht mehr?» Jeder Tod eines Haustiers, eines Vogels oder anderer Lebewesen kann Kinder auf das Thema Sterben im allgemeinen vorbereiten. Dabei ist es ratsam, ähnlich wie bei religiösen oder sexuellen Fragen behutsam vorzugehen und jüngere Kinder nicht mit einem Überangebot von Informationen zu überfluten, die nicht verarbeitet werden können. Vielmehr kommt es darauf an, durch geschickte Fragen und gemeinsames Nachdenken die bereits bestehenden Vorstellungen und Phantasien des Kindes zu ertasten und das Kind von da aus zu wirklichkeitsnahen Korrekturen anzuregen.

Die Erzählungen und Bilder der Neun- und Zehnjährigen geben ein anschauliches Beispiel, wie verschieden die Ausgangspunkte sein können, von denen aus ein sich von selbst fortsetzendes Gespräch beginnt, oft über Wochen und Monate verteilt. Besonders jüngere Kinder der Vorschulgruppe (drei bis sechs Jahre) werden oft mit der Formel abgewiesen: «Dazu bist du noch zu klein» oder «zu jung». Solche Antworten lassen nicht nur das Kind allein im Kampf mit allerlei unwirklichen Vorstellungen, vielmehr kann eine solche Verschiebung zusammen mit anderen, ähnlichen Abweisungen dazu führen, daß Kinder mystische Vorstellungen entwickeln, die später ihren Wirklichkeitssinn auch in anderen Bereichen beeinträchtigen.

Kinder «denken» meist weit mehr, als die Erwachsenen der Umgebung annehmen. Eine um den Schutz des Enkels besorgte Oma mag es mit der Verschiebung der Antwort gut meinen: «An so etwas brauchst du noch nicht zu denken. Worüber du dir alles Gedanken machst! Du bist doch noch so jung!» Aber schon morgen kann eine Neunjährige mit dem Unfalltod oder der tödlichen Krankheit einer Schulfreundin konfrontiert sein. Dann stimmt die Antwort nicht mehr. Oma mag vielleicht ihre eigenen Lebens- und Todesängste hinter der Antwort verbergen, für Katharina aber ist eine solche Antwort kein wirklicher Schutz. Kinder kennen schon früh den Unterschied zwischen dunklen und weißen Särgen.

2. Was werde ich sagen, wenn mein Kind mich plötzlich fragt, ob ich eines Tages sterben werde?

Die Wahrheit ist ein unausweichliches Ja, aber es bedarf der beruhigenden Versicherung, daß dieses Sterben weder von meinem Kind verursacht werden kann noch daß ich erwarte oder befürchte, bald zu sterben, sondern für lange Zeit dasein werde, solange mich mein Kind braucht. Die unschuldige Kinderfrage, ob seine Eltern sterben werden, ist für das Kind mit der Trennungsangst verbunden, die es hat, weil es sich von den Eltern abhängig fühlt. Zugleich besteht aber auch eine unbewußt bleibende Verbindung mit den zornigen, aggressiven und trotzigen Gefühlen, die jedes Kind gelegentlich heimlich oder offen gegenüber den Eltern hegt. Solche unvermeidlichen Gefühle wie Ärger, Eifersucht und Rivalität können das Angst- und Schuldgefühl nähren, daß den Eltern durch solche Gedanken und Phantasien Schaden zugefügt wird und das Kind den Tod durch sein Verhalten oder seine geheimen Wünsche verursachen könnte. Gelegentlich sagen manche Eltern gedankenlos in Augenblicken unkontrollierten Zorns: «Du wirst mich noch ins

Grab bringen mit deinem Benehmen!» Die Phantasien des Kindes werden von jenen Vorstellungen geprägt, die die Erwachsenen seiner Umgebung oft unbedacht mitteilen und erwecken, ohne sich dabei die Mühe zu machen, eine dem Kind erträgliche und wirklichkeitsnahe Darstellung zu geben.

3. Soll mein Kind einen sterbenden Verwandten im Krankenhaus besuchen?

Es nährt eher unklare Vorstellungen und Ängste, wenn ein Kind sich vom Krankenhausbesuch eines nahen Verwandten ausgeschlossen fühlt. Ein Kind braucht aber ausreichende Erklärungen, was im Krankenhaus vorgeht, und eine sachliche Vorbereitung auf den veränderten Zustand des todkranken Familienmitgliedes. Auch hier sind die Fortsetzung des begonnenen Gespräches und ebenso offene wie behutsame Antworten auf die Fragen des Kindes wichtig. Beides sollte jedoch auch in diesem Fall eher ein Herantasten an die Vorstellungen des Kindes sein und nicht etwa ein Überangebot an nicht zu verarbeitenden Teilinformationen.

4. Soll mein Kind an einem Begräbnis teilnehmen?

Kinder im Alter von sechs bis sieben Jahren sollten nicht von der Beerdigung eines nahen Verwandten oder Schulfreundes ausgeschlossen werden, wenn sie selbst teilzunehmen wünschen. In jedem Falle ist es notwendig, das Kind auf die Einzelheiten und das Verhalten der Erwachsenen vorzubereiten. Das gilt für die natürlichen Gefühlsäußerungen der Trauer genauso wie für das jeweilige Begräbnisritual. Bei jüngeren Kindern hängt die Teilnahme davon ab, ob ein dem Kinde vertrauter und geliebter Erwachsener ruhige Nähe während des Begräbnisses gewähren kann. Jeder die Verantwortung übernehmende begleitende Erwachsene muß versuchen, die Fragen des Kindes, auch während des Begräbnisses, zu beantworten. Ständige körperliche Nähe und An-der-Hand-Halten sind notwendig als Rückversicherung für das Kind. Kein Kind sollte veranlaßt werden, nahe an ein offenes Grab zu treten oder einen aufgebahrten Toten zu berühren.

Kinder im ländlichen Milieu finden meist ihren eigenen Weg aus natürlicher Neugier und folgen öffentlichen Begräbnissen von ferne oft ohne Wissen ihrer Eltern. Auch hier ist es das natürliche Bedürfnis des Kindes, sich mit der Tatsache des Todes vertraut zu machen und sich an das Sterben anderer durch wiederholte Teilnahme an solchen Bestattungen zu gewöhnen.

Eine letzte Grundfrage von Bedeutung, die im voraus zu klären ist:

5. Wie kann ich wahrnehmen, wenn mein Kind trauert?

Kinder können ihre Trauer und Verlustgefühle auf vielfache Weise ausdrücken. Manchmal entwickeln sie körperliche Symptome oder Schmerzen und Krankheitsvorstellungen (so wie viele Erwachsene), oder sie werden ernsthaft krank. Andere Kinder entwickeln plötzlich feindliche Gefühle und aggressives Verhalten gegenüber Altersgenossen oder Erwachsenen, oder sie verleugnen vollkommen, daß sich irgend etwas verändert hat. Oft idealisieren Kinder die verstorbene Person, besonders wenn sie ihnen sehr nahe stand. Mitunter fühlen sich Kinder schuldig am Tod des Verstorbenen, besonders bei Geschwistern, und reagieren mit Panik und Ängsten. Der Erwachsene muß wissen, daß Kinder unter acht Jahren ihre Trauergefühle nicht ohne weiteres in Worten ausdrücken können. Um so wichtiger ist es, die Phantasiespiele zu beobachten, in denen das Kind seine Befürchtungen oder Idealisierungen «agiert», das heißt im Spiel mit Puppen, Tieren oder in Selbstgesprächen, auf die man hinhören muß. Eltern sollten daher stets wach werden, wenn deutliche

Veränderungen im Verhalten eines Kindes in der Nachfolge eines Todeserlebnisses auftreten. Solche Veränderungen sind stets Ausdruck der Trauer, die noch nicht in Worten ausgedrückt werden kann.

Es gibt eine ganze Reihe anderer Fragen; aber wenn wir versuchen würden, sie nur intellektuell zu begreifen, entginge uns die Ursprünglichkeit kindlicher Vorstellungen, auf die es hier wesentlich ankommt. Ein allzu häufiger Irrtum, dem Eltern, Lehrer und Erwachsene leicht erliegen, ist die Vorstellung, daß Verstandeswissen ihnen genügend helfen wird, das Kind zu verstehen. So wichtig systematisches Lernen sein mag, es ersetzt nicht die im direkten Umgang mit dem Kind erlebten Gefühle des auf vielfache Weise Beteiligtseins.

Im Todesfall kämpfen die hinterbliebenen Erwachsenen stets auch mit der Bewältigung ihrer eigenen Trauer und ihrer Verlustängste und vergessen über der eigenen Betroffenheit oft die noch größere Hilflosigkeit des Kindes. Dabei sind es eben nicht die Worte und die erlernten Konzepte der Erwachsenen, die dem Kind im Erlebnis des Todes helfen oder es verzweifelt allein lassen, sondern die Gefühlsäußerungen und das Verhalten der Umgebung, aus denen entweder Trost oder die lange und schmerzliche Hilflosigkeit unbewältigter Trauer für das Kind erwachsen.

Martina, 9 Jahre

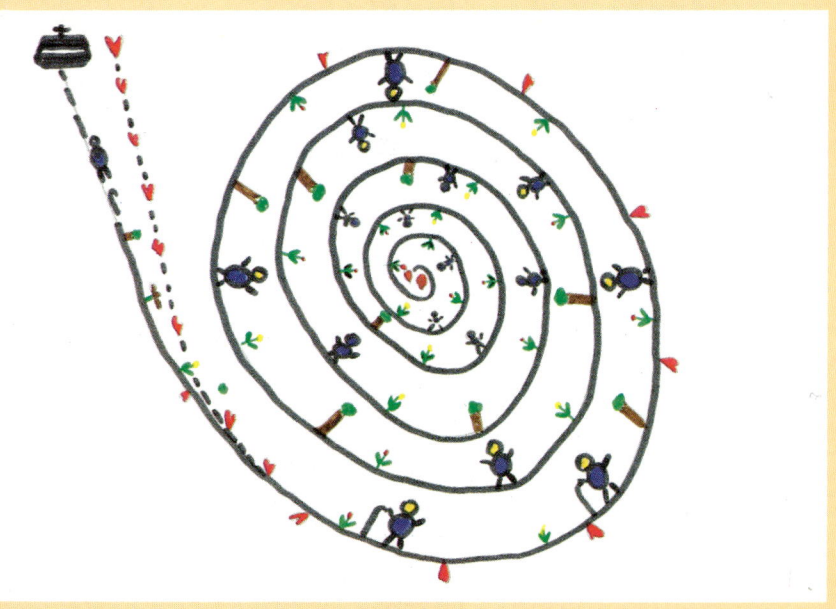

Timo, 8 Jahre

II

Ulli, 9 Jahre

III

Michael, 10 Jahre

IV

Claudia, 9 Jahre

Katrin, 9 Jahre

VI

Dörte, 9 Jahre

VII

Peter, 9 Jahre

VIII

Ausweichversuche der Erwachsenen

Ist der schlichte Gedanke «Wenn ich mal sterben sollte, dann ...»
so unbequem, daß wir ihn gerne aufschieben möchten, um eine
ähnliche Unendlichkeit zwischen unser «Hier und Heute» und die
Ungewißheit des «Dann eines Tages» zu legen, wie wir es als
Kinder und Jugendliche versuchten? Gewiß, niemand kann sich
seinen eigenen Tod vorstellen, denn es bleibt immer der Tod eines
anderen, den wir erlebt haben, so lange, bis der eigene Tod Wirklichkeit wird. Was wir durch anerzogene Haltungen und den Einfluß sozialer Regeln am meisten verleugnen, ist das Gefühl des
überwältigenden Ärgers über das Verlassenwerden und das un-
vermeidliche Alleinsein mit all jenen Erinnerungen, die uns mit
nahestehenden Verstorbenen verbinden. Die jähe Einsicht, vieles nicht mehr ungeschehen machen zu können, anderes, das
hätte ausgesprochen und geklärt werden müssen, nicht mehr sagen zu können, belastet uns nicht nur mit zu späten Schuld- und
Versäumnisgefühlen, sondern auch mit dem Zorn, warum der
Verstorbene es gerade uns antun mußte, so unzeitig zu sterben.
Übertragen wir für einen Augenblick diese sehr natürlichen Gefühle vieler Erwachsener, die sie der Sitte gemäß niemals offen
aussprechen können, auf ein Kind, so wird wohl jedem halbwegs

einfühlsamen Erwachsenen bewußt, in einer wie viel schwierigeren inneren Lage es ist, wenn es sich mit dem Tod eines ihm nahestehenden Menschen auseinandersetzen muß.

Elisabeth Kübler-Ross hat wohl als erste gewagt, die Erlebnisweise Sterbender und ihrer Umgebung zu beschreiben. Dennoch versuchen die meisten gesunden betroffenen Angehörigen – einschließlich vieler Ärzte –, der offenen Aussprache auszuweichen und jedes Gespräch über den Tod mit einem sterbenden Kranken entweder ganz zu vermeiden oder möglichst lange hinauszuschieben. Wenn ein Sterbender, der um seinen Tod weiß, über sein Erleben sprechen will, so mag dies der letzte Augenblick sein, in dem er es noch tun kann. Ein anderer kehrt womöglich nicht wieder. Das gilt vor allem für Kinder, die an einer tödlichen Krankheit leiden und instinktiv viel schneller aus dem Verhalten der Eltern, Freunde, Schwestern und Ärzte schließen, wie es um sie steht, als die nahestehenden Menschen es wagen würden, darüber zu sprechen. Es gibt ein Mitleid der Sterbenden mit den Überlebenden, das gerade Kinder in Erwartung des eigenen Todes offen zum Ausdruck bringen können.

Die verschiedenen aufeinander folgenden Gemütslagen und Reaktionen eines zu Tode erkrankten Menschen unterscheiden sich nicht sehr viel von den Reaktionen seiner Nächsten. Das erste Stadium der Verleugnung: «Das kann nicht sein! Nicht ich!» schließt die Umgebung ein, die sich an der Verleugnung allein schon deshalb beteiligt, weil es tröstlich ist, die Möglichkeit des Todes noch weiter hinausschieben zu können. Mit dem Aufgeben der Verleugnung beginnt die innere Auseinandersetzung mit dem Unausweichlichen, und es kommt im zweiten Stadium zu Ausbrüchen von Zorn, ohnmächtiger Wut und Ressentiment. Aber die Frage des Kranken: «Warum gerade ich?» wird von den Nächsten in gleicher Weise gestellt, oft in religiösem Aufbegehren: «Wie kann Gott mir (uns) das antun?» Es gibt keine Antwort auf diese Frage, aber ein einziger Mensch, der dem Kranken und seinen Nächsten die Möglichkeit einräumt, diese zornige Verzweiflung hinausschreien zu können, vermag in diesem Stadium mehr Hilfe für alle Betroffenen zu geben, einschließlich der besonders verletzlichen Kinder, als alle vermeintlich tröstlichen Worte über das ewige Leben im Jenseits. Nur das Verstehen und Zulassen des überwältigenden Aufbegehrens gegen das Schicksal und oft des Trotzes und aufkommenden Hasses gegen Gott kann über dieses zweite Stadium hinweghelfen. Das scheint besonders schwierig für Theologen und Priester zu sein, die den darin enthaltenen Übergang zum nachfolgenden Stadium nicht recht verstehen und den Protestschrei dann leicht als Sünde gegen Gott verurteilen, um eigene Ängste zu beschwichtigen oder ihre berufliche Kompetenz zu schützen.

Merkwürdigerweise verhalten sich viele Menschen und Angehörige in der dritten Phase ähnlich wie schlaue Roßhändler. In einer Art Handel mit Gott und dem Schicksal wird eine Verlängerung des Lebens durch allerlei Versprechungen versucht: «Wenn Du mir (uns) ein paar Wochen oder Monate mehr zu leben gibst, verspreche ich, jeden Tag zur Kirche zu gehen ... einen Teil meiner Habe den Armen zu vererben ...» Das geht bis zu Testamentsänderungen, die sich dann freilich von dritter Seite nützen lassen. Oder die Angehörigen und der Kranke wollen wenigstens noch das eine wichtige Ereignis, die Geburt eines Enkels, die Heirat der Tochter, das Firmenjubiläum, den x-ten Geburtstag oder die Rückkehr eines in der Ferne lebenden Geschwisters miteinander erleben. Es klingt wie ein vorübergehender Waffenstillstand mit dem Tod, der durch ungewöhnliche Zugeständnisse erreicht werden soll.

Von diesem halben «Ja, ich – aber nur wenn ...» findet der Kranke, oft gegen den aufbegehrenden Widerstand der Familie, die ihn (und sich) «retten» möchte, zu einem viel stilleren «Ja, genug – dann also ich!», das eine wirklichkeitsnahe Depression einleitet. Die Wahrheit ist angenommen, und es ist völlig normal, dann deprimiert zu sein, wenn das Bewußtsein des Sterbens unausweichlich geworden ist.

Unglücklicherweise führt die Familie manchmal eine Art Ringeltanz auf, der fast ins Groteske ausartet, wenn der Sterbende in Ruhe und gleichzeitig seine letzten wichtigen Dinge im Leben bei vollem Bewußtsein ordnen möchte. Der Kranke hat längst die überwältigende Größe des herannahenden Todes erkannt und hat voll begriffen, welch tiefe Trauer es bedeutet, alles, was er gelebt und geliebt hat, nun verlassen zu müssen. Seine Nächsten aber hadern noch mit sich selbst in der Angst, den eigenen Verlust ertragen zu müssen. Dann werden Enkelkinder zur Ermunterung angeschleppt, frohe Erinnerungen zur Aufheiterung aufgewärmt, und oft wird eine Betriebsamkeit entwickelt, die dem Sterbenden mitteilen soll, wie sehr alle doch an seine Genesung und sein Überleben glauben. Dies geschieht dann zum unrichtigen Zeitpunkt. Bedauerlicherweise ermutigen manche Ärzte zu dieser Art der zu späten Verleugnung, vermutlich am meisten diejenigen, die ihren Beruf wählten, um dem Gedanken an den eigenen Tod lange genug entgehen zu können, besonders wenn Tod als unausweichliche Niederlage und als Ende ärztlicher Kunst erlebt und gewertet wird.

Die stille Depression des Kranken nimmt jene Trauerarbeit voraus, die von den Hinterbliebenen meist erst nach dem Tode des Angehörigen vollzogen wird. Besonders sterbende Kinder werden darum wenig verstanden, wenn sie über das trauern, was sie bereits verloren haben: Gesundheit, Unabhängigkeit, Freiheit, den Frohsinn, mit Eltern und Geschwistern zusammen sein zu können, und die Hoffnungen und Erwartungen eines langen, ereignisreichen Lebens. Das stille Stadium der Trauer um den kommenden, endgültigen Verlust wird am wenigsten von jenen Eltern mitvollzogen, die zu sehr über das eigene Unglück trauern und den stumm gefaßten Abschied des Kindes nur wenig verstehen. Jeder Sterbende muß sich innerlich von seinen Nächsten und seinem Leben trennen, bevor er das endgültige Stadium der vollen Annahme erreichen kann. Es bedarf daher keiner Worte, sondern nur eines stummen, tröstlich warmen Da-Seins der anderen, um das beängstigende Gefühl der Verlassenheit zu überwinden, das besonders sterbende Kinder in diesem letzten Abschnitt quält. Alleinsein im Krankenhaus macht das Sterben für Kinder schwer.

Kindern wird oft die echte Trauer um den Verlust eines Elternteils, Geschwisters oder Großelternteils versagt, weil der hinterbliebene Elternteil dem Kind in bester Absicht Schmerz ersparen möchte. Entweder wird das Kind nicht zur Beerdigung zugelassen, oder die Erwachsenen verbergen ihre eigenen Tränen, um die Kinder zu schonen. Mitunter wird die Trauer mit der Aussage verhüllt, daß ein gnadenreicher Tod dem Verstorbenen ein langes Leiden erspart habe. Für eine Tochter, die ihren Vater zutiefst geliebt hat und brauchte, oder einen jungen Sohn, der seiner Mutter nahe war und sie noch lange gebraucht hätte, kann es kein Gefühl der Dankbarkeit für einen schmerzlosen, gnadenreichen Tod geben. Tiefe Trauer und Verzweiflung sind die natürlichen Reaktionen angesichts einer so ernsten Zerstörung junger Lebenshoffnungen. Wird dieses Gefühl unterdrückt oder aus törichten, konventionellen Gründen überspielt, um dem Kind vermeintlich zu helfen, so kann das später einen hohen Preis fordern. Jugendliche und junge Erwachsene, die ihre frühe Trauer unterdrücken oder verbergen mußten, brechen später oft am Grabe des geliebten verlorenen Elternteils zusammen, wenn sie nach Jahren dorthin zurückkehren und dann von den lange unterdrückten Erinnerungen plötzlich überwältigt werden. Der Zusammenbruch kann so zerstörend sein, daß der Erwachsene sich nicht anders als durch Selbstmord zu helfen weiß, sowenig die Umgebung dann die wirklichen, weit zurückliegenden Gründe versteht. Aufgeschobene und verhinderte Trauer, die eingekapselt wurde, kann so zu einer Art Zeitbombe werden, deren Auslösung unberechenbare Folgen hat.

Um so wichtiger und bedeutsamer ist es, Kinderfragen nach dem Tod nicht auszuweichen. Sie werden meist ursprünglich durch den Tod Bekannter in der Umgebung oder wie bei meinen eigenen Kindern durch den Tod von Haustieren und schließlich durch die Wahrnehmung von Begräbnissen, Trauerkleidung, Trauerverhalten oder das Belauschen von Gesprächen Erwachsener anläßlich eines Todesfalles ausgelöst.

Fragen der Altersgruppe fünf bis dreizehn unterscheiden sich nicht sehr viel voneinander: Sterben nur Erwachsene, Großeltern, Eltern oder auch Kinder? Muß du sterben? Muß ich sterben? Wann? Warum? Was ist Tod? Wohin geht man dann? Was ist danach? Und schließlich: Wie hängen Tod und Leben zusammen?

Für Eltern und Erzieher wird es leichter sein, klare, beruhigende und auf das Leben hinweisende Antworten zu finden,

wenn sie selbst den Tod als zum Leben gehörend innerlich angenommen haben. Dazu gehören ohne Zweifel innerer Mut und
Vertrauen in das Leben, das uns ja nur verliehen ist. Ohne klares
Begreifen der Gegensätzlichkeit des Lebensablaufes gehen wir
auch als Erwachsene leicht in die Irre. Je älter wir werden und je
mehr die mühevollen Lebensjahre uns allerlei leibliche Unbill
oder Begrenzungen bescheren, um so deutlicher werden wir darauf verwiesen, daß es nunmehr wichtiger ist, die innere Lebens-
reife den äußeren Jahresdaten anzunähern. Wenn wir wirklich
begriffen haben, daß unser Sterben in Wahrheit fortwährend im
Älterwerden bereits geschieht, wird unser Bemühen mehr darauf gerichtet sein, uns auf die letzten Abschnitte des Lebens
durch sorgfältigen Rückblick und Einsicht in eigenes Tun vorzubereiten. Auch wenn wir Geschehenes nicht mehr ändern können, vermögen wir doch aus Einsichten zu lernen. Die vorsich-
tige und nicht aufgedrängte Vermittlung solcher eigenen Lebens-
einsichten ist wichtig für alle heranwachsenden Kinder. Warum
sind Kinder bereit und offen, Großeltern oder älteren Menschen
zuzuhören, wenn diese sich nicht nur in egozentrischen oder eitlen Spiegelungen der eigenen Vergangenheit erschöpfen? Kinder lernen aus solchen Teilrückblicken nicht nur Tatsachen der
Vergangenheit, sondern schöpfen eigene, neue Einsichten im
Vorausblick auf ihr Leben. Dieser einfache Hinweis auf eine
Vergangenheit in der Gegenwart, verbunden mit der Andeu-
tung, daß eines Tages in der fernen Zukunft das Kind oder der
Jugendliche vor ähnlichen Erlebnissen und Entscheidungen stehen wird, wenn der sich mitteilende Erwachsene vielleicht nicht
mehr «da» und unter den Lebenden sein wird, sollte auch all
denen gelingen, die im Hader mit dem Leben oder mit Gott glauben, Kindern Tod und Generationsfolge verhüllen zu müssen.
Manchen Eltern, die im Zweifel über sich selbst und den Sinn
ihres Lebens sind, mag an den Fragen des Kindes sogar aufgehen, wie bedeutungsvoll gerade ihr von ihnen selbst vielleicht
unterschätztes Leben für das Kind ist.

Der Tod in der Entwicklungskrise
der Jugendlichen

Als der Süddeutsche Rundfunk vor einigen Jahren Jugendliche zu einem Wettbewerb unter dem Titel «Schreib ein Stück» aufforderte, gab es große Verwunderung, daß nahezu ein Drittel der Einsendungen Jugendlicher im Alter von fünfzehn bis neunzehn Jahren in irgendeiner Form das Thema Selbstmord behandelte. Auch die meisten Eltern der jungen Autoren waren zunächst erschrocken, weil sie den inneren Zusammenhang nicht gleich verstanden. Über die Frage: «Haben wir eine verzweifelte, verlorene Generation?» wurde, nicht ohne Schuldgefühle beteiligter Eltern und Erwachsener, ernsthaft diskutiert. Gegenüber jüngeren Kindern befinden sich die heranreifenden Jugendlichen in einer völlig anderen inneren Situation. Körperliches Wachstum und durchaus noch unbewältigte, aber oft überwältigende Sexualität bewirken tiefe Selbstunsicherheit und uneingestandene Ängste. Der Jugendliche weiß und fühlt, daß seine Kindheit an diesem Punkt endet. Aber noch ist das Leben der Erwachsenen nicht erreicht. Es gibt kein Zurück, und die Vorwärtsentwicklung erscheint zu langsam. In der Selbstmordphantasie des Jugendlichen ist gleichsam das Sterben des Kindes enthalten, jenes Kindes, das der Jugendliche zurücklassen muß, obwohl er sich oft danach sehnt, noch und wieder Kind sein zu können. In dieser Verzweiflung kommt dann der zwiespältige Wunsch auf, den Leib vernichten zu können und damit alle Qualen dieses schmerzlichen Übergangs zu beenden, der nach außen meist hinter einer arroganten, aufmüpfigen oder angeberischen Maske verborgen wird. Sobald die Frage nach dem Sinn des weiteren Lebens und der Zukunft auftaucht, bricht unausweichlich die Frage nach dem Tod neu auf. Das größere Interesse an Sterben und Tod bei Jugendlichen, heute oft genug in der Drogenabhängigkeit verborgen, ist die Verschiebung des inneren Problems, die Kindheit aufgeben zu können.

Eltern und Erzieher unterschätzen oft diesen Zusammenhang. Die häufige Entfremdung zwischen Eltern und heranwachsenden Jugendlichen führt dazu, daß die hinter dem scheinbar unverständlichen Verhalten des Jugendlichen stehende ernsthafte Frage nach dem Sinn dieses Lebens nicht zur Sprache kommt. Drogenmißbrauch und Waghalsigkeit sind lediglich ein anderer Ausdruck für selbstzerstörerische Tendenzen, die auf der Neigung zu extremer Selbstliebe beruhen, aber unvermeidlich zu noch größerem Selbsthaß und Selbstmitleid führen, wenn die Umwelt das eigene Idealbild des Jugendlichen nicht bestätigt. Die meisten Eltern und Erzieher erschöpfen sich aber auch heute noch oft ausschließlich in negativer Kritik, die dem Jugendlichen ein tieferes Verstehen des Zusammenhanges von Leben und Tod erschwert. Mitunter verstärkt sich der Eindruck, daß die erwachsenen Generationen aus Ablehnung und Unverständnis gegenüber den Gefühlswirren der Jugendlichen der vor hundert Jahren von dem amerikanischen Dichter Mark Twain sarkastisch empfohlenen Regel folgen, daß man Kinder, die das 13. Lebensjahr erreichen, in ein Faß stecken und durch das Spundloch füttern solle, jedoch mit dem 16. Lebensjahr das Spundloch verschließen müsse!

Anna Freuds langjähriges Studium der Adoleszenz beschreibt die quälenden Gegensätze wirklichkeitsnah. Sie betont, daß es in der Reifezeit für einen beachtlichen Zeitraum durchaus normal sei, sich in einer unzuverlässigen und kaum voraussagbaren Weise zu verhalten. Fast alle Jugendlichen kämpfen gegen ihre jähen, dranghaften Impulse, während sie gleichzeitig davon überwältigt werden, so daß sie ihre Eltern und Erzieher gleichzeitig lieben und hassen, was der Selbstliebe und dem Selbsthaß in ihrem Inneren entspricht. Derselbe Jugendliche kann peinlich vermeiden, seine Mutter in Gegenwart anderer zu beachten, und doch, während er sie nach außen völlig verleugnet, unerwartet plötzlich ein tiefes Bedürfnis nach einem ernsten, sehr intimen Gespräch mit dieser Mutter haben. Der krasse Gegensatz von rebellischen Selbständigkeitsforderungen und hilflosen Abhängigkeitswünschen hat sich trotz allen Geredes über die Andersartigkeit der modernen Jugend nicht verändert, auch wenn die Ausdrucksformen neue Variationen zeigen. Es ist schwer für die meisten Jugendlichen, bereits eine fertige und festgefügte Welt der Erwachsenen vorzufinden, während sie selbst doch diese Welt vollkommen neu erfinden und verändern möchten, ohne dabei die Forderungen der Wirklichkeit bereits voll zu verstehen oder erfüllen zu können. In der unermüdlichen Suche nach einer eigenen, unverwechselbaren und einmaligen Identität erschöpfen sich Jugendliche zunächst in allerlei Nachahmungen und vorübergehenden Teilidentifizierungen. Das führt zu den für die Umgebung oft unverständlichen Widersprüchen zwischen großzügigem Idealismus und egoistisch kalkulierender Selbstsucht – beides in einem Ausmaß, das sich später niemals in dieser Form wiederholt. Die Wechselwirkung zwischen den Forderungen der erwachsenen Umgebung und den extremen Gefühlsschwankungen im Leben des Heranwachsenden erzeugt jenes Gefühl der Einsamkeit, das viele später berühmte Künstler, Autoren und Wissenschaftler in Briefen, Tagebüchern und Erinnerungen beschreiben. Aus diesem oft hoffnungslosen Gefühl der Einsamkeit, dem die relativ oberflächlichen Zugehörigkeitsbindungen zur Altersgruppe kaum abhelfen, entsteht die ernste Frage, ob und warum es sich überhaupt lohnen soll, weiterzuleben. Einerseits kehren die früheren kindlichen Vergeltungsphantasien wieder, in denen Eltern und die kritisierende Umwelt gleichsam durch einen Selbstmord bestraft werden sollen: «Nun seht ihr, was ihr davon habt! Nun ist es zu spät!» Andererseits vermischen sich Selbsthaß aus enttäuschter Selbstliebe, die als zweifelhaft bewertete Aussicht auf eine Erwachsenenkarriere, wie sie sich in der Unzufriedenheit vieler Erwachsener darstellt, und schließlich die Fragwürdigkeit einer unbekannten Zukunft angesichts des unwiderruflichen Abschieds von der Kindheit in manchen Jugendlichen zu einer ernsten Krise, die sie unweigerlich vor die Frage nach dem Sinn allen Lebens überhaupt stellt. Diese Frage kann aber vom Erwachsenen nicht wirklich beantwortet werden, ohne Tod und Sterben als eine unausweichliche Gewißheit in das Leben einzubeziehen. Dies wird meist deshalb umgangen, weil viele Eltern in durchaus realistischer Sorge um die Entwicklung ihrer Kinder nur ungern auf das Thema des eigenen möglichen Todes eingehen. So verständlich diese Einstellung sein mag, oft damit begründet, die Kinder nicht unnötig ängstigen zu wollen, können die Folgen des Verschweigens, Übergehens oder Verhüllens für den Jugendlichen bedenklicher werden als ein offenes Gespräch. Dabei ist es durchaus nicht ungewöhnlich, daß eine große Zahl Erwachsener die täglichen Todesanzeigen in der Zeitung mit dem heimlichen, uneingestandenen Gefühl studiert: «Gott sei Dank, nicht ich!» und doch erschrickt, wenn das Alter eines Verstorbenen dem eigenen Lebensalter näher kommt. Erst recht mahnt uns die zunehmende Selbständigkeit und Ablösung heranwachsender Kinder an das eigene Altern. Warum also sollte es nicht zu einem ernsthaften Gedankenaustausch darüber kommen, bei dem die uneinholbare Altersdifferenz zwischen Eltern und Kindern zum Gegenstand eines wirklichkeitsnahen Zukunftsentwurfes wird?

Auch hier überlassen viele Eltern das Erziehungsfeld der Schule, oft genug mit heftigem Protest, wenn ein Lehrer es wagt, das Thema Tod überhaupt aufzubringen. Ähnlich wie sich viele Eltern vor einer vernünftigen und dem Alter ihrer Kinder entsprechenden Sexualerziehung drücken, wird das Thema Tod und Sterben so lange vermieden, bis ein Anlaß von außen ein weiteres Ausweichen unmöglich macht. Dann ist es leider meist zu spät, weil das Vertrauen in die Ehrlichkeit der Eltern bereits halb zerstört ist.

«... daß ich alle Menschen liebe»

Aussagen Jugendlicher über den Tod
enthalten Lebensentwürfe

Die nachfolgenden Dokumente lassen klar erkennen, daß sich
14- bis 18jährige Jugendliche mit der Möglichkeit des eigenen
Todes oft auseinandersetzen, ohne ihre begreiflichen Ängste zu
verleugnen. Fast alle Aufsätze enthalten jedoch einen Hinweis
darauf, daß man erst durch das Wissen um den Tod und die Ver-
gegenwärtigung des Sterbens den wahren Sinn des Lebens
erkennt.

Rainer T., 16 Jahre

«Wenn ich sterbe, stelle ich mir vor: Wenn ich auf
natürliche Art sterbe, schwebe ich in einer Art Bewußtlosigkeit. Ich nehme nicht wahr, daß es vorbei-
geht. Aber ich habe innerlich eine unerschütterliche
Ruhe. Ich weiß, sterben bedeutet, Frieden zu bekommen. Mir wird klar, richtig klar, daß man erst

beim Tod den wahren Sinn des Lebens erkennt. Ich erkenne ihn. Sollte ich aber durch einen Unfall oder ähnliches sterben, so hätte ich noch für kurze Zeit Angst, die unter Umständen in Verzweiflung übergeht. Dann möchte ich mit jemandem, den ich sehr liebe, sprechen. Es kann auch ein Pfarrer oder eine Schwester sein. Wenn ich natürlich sterbe, wäre es mir gleich, ob jemand dabei wäre oder nicht.

Weil ich weiß, daß ich sterben muß, strebe ich danach, mein Leben sinnvoll, das heißt christlich zu gestalten. Ich schätze ein nettes Wort, eine kleine Hilfe, ein bißchen Trost von einem anderen Menschen mehr als ein Geschenk von materiellem Bestand. Ich versuche selbst, anderen Menschen zu helfen, zu trösten, ehe es zu spät ist. Denn wenn sie erst tot sind, tut einem vieles leid. Weil ich weiß, daß ich sterben muß, versuche ich, meine knappe Lebenszeit so zu gebrauchen, daß ich nicht meinen Körper, sondern meine Seele befriedige. Nur wer sich täglich bewußt macht, daß er sterben muß, weiß sein Leben zu lieben, es zu schützen. Ich weiß, daß man als Jugendlicher Vergnügen, Zerstreuung meist dem Nachdenken über seine Fehler und Sünden vorzieht. Doch das Nachdenken und die Reue bringen einem mehr als etwa ein Kinobesuch. Ich sage das jetzt so, aber selbst beherzige ich es nur selten. Doch ich glaube, daß man mit zunehmendem Alter und erwachsener Reife das oben Beschriebene einsieht.»

Rainer T. beschreibt die «unerschütterliche Ruhe» in der Gewißheit, «Frieden zu bekommen». Hier werden die Ergebnisse aus Gesprächen mit Sterbenden spontan bestätigt: «Dann möchte ich mit jemandem, den ich sehr liebe, sprechen ...» Leben wird nur im Wissen um den Tod sinnvoll, für Rainer nur dann, wenn es dem christlichen Verlangen folgt, «anderen Menschen zu helfen, zu trösten, ehe es zu spät ist». – «Es tut einem vieles leid ...

wenn andere tot sind.» Gerade deshalb ist es wichtig, die knappe Lebenszeit in sinnvoller Weise zu nutzen, auch dann, wenn das, wie Rainer freimütig bekennt, schwer ist, immer zu beherzigen, was er schon jetzt weiß. Seine Hoffnung auf größere Einsicht und Reife des Erwachsenen ist ein fast nüchterner Lebensentwurf.

Sabine Kh., 14 Jahre

«Keiner kann mir sagen, wann ich sterbe. Leben und Sterben ist immerzu, jede Minute auf der Welt. Also muß alles, was ich als Mensch mache und denke und sage, so gut wie möglich sein; denn ich kann nichts wiedergutmachen, was ich mal Böses gesagt habe. Leider denke ich nicht immer daran, sonst würde ich nicht bei jeder Gelegenheit, die mir nicht paßt, einfach so losfauchen. Aber wenn man sich in dem Alter bis 18 Jahre im ganzen Körper und im Geist entwickelt, fühlt man sich einfach nicht jeden Tag lustig. Man möchte jemand anders sein, der es schon geschafft hat, sich darüber zu freuen, wie er nun mal ist. Aber in dem Alter, wo ich jetzt bin, und noch ein paar Jahre dazu macht man wohl das meiste falsch mit seinen Mitmenschen und seiner Familie. In diesem Alter dürfte noch niemand sterben. Ich finde, erst wenn man so klug geworden ist, daß einem kaum noch Fehler unterlaufen und man alles im Leben erlebt hat, sollte automatisch der Tod in irgendeiner Nacht kommen und einen ganz schnell sterben lassen, im Schlaf.

Jeder, der im Gefängnis sitzt, müßte noch mal geboren werden, um eine Chance zu haben. Oder derjenige müßte fest daran glauben, daß Gott mit Schuld hat, weil Gott ihn nicht vor solch einem Leben bewahrt hat, und daß er ihm deshalb nicht vergibt, bevor dieser Mensch das letzte Mal atmet.»

Auch Sabine Kh. weiß um die Unausweichlichkeit des Sterbens «immerzu, jede Minute auf der Welt», und ihr Lebensplan, Gutes zu tun und Böses wiedergutzumachen, entspricht jenen guten Vorsätzen, die wir alle haben, ohne jeweils immer daran zu denken und diese Einsicht zu beherzigen, wenn es uns wie Sabine geschieht, daß wir dann doch «losfauchen». Sabines Vorbehalt, daß niemand in ihrem Alter sterben dürfte, weil man doch noch das meiste im Umgang mit seinen Mitmenschen falsch mache, klingt wie ein Rückversicherungsvertrag mit Gott, der dann auch bei ihr als «mitschuldig» erscheint, wenn er die Gestrauchelten im Gefängnis nicht vor Schuld bewahrt hat oder ihnen nicht die Chance gibt, neu geboren zu werden. Gott wird hier mit einer sozialen Verantwortung belastet und zu Vergebung verpflichtet, während der Tod für Erwachsene «automatisch» und schnell, «im Schlaf ... in irgendeiner Nacht kommen soll». Es ist unschwer zu ersehen, in welchem inneren Konflikt sich die 14jährige Sabine findet: Zu jung, um die volle Verantwortung für eigenes Handeln und Denken zu übernehmen, hofft sie auf die Klugheit und Reife des Erwachsenseins, aber der Tod steht erst am Ende, wenn «man alles im Leben erlebt hat».

Wir haben bisher wenig Anhaltspunkte dafür, welche inneren Lebensentwürfe im Zusammenhang mit äußeren Lebensereignissen, die entweder schicksalhaft hereinbrechen oder unbewußt selbst «arrangiert» wurden, den Lebensmut, die Lebenserwartung oder den Lebensüberdruß und schließlich ein Sich-selbst-Aufgeben im Leben des einzelnen bestimmen. Um so wichtiger wäre es, zu erkennen, daß die ersten Visionen zukünftigen Lebens und möglichen Sterbens gerade in den Reifejahren entscheidend geformt werden. In der mittleren Lebenskrise, zwischen 38 und 48 Jahren, müssen dann alle jugendlichen Träume ohnehin in neue und veränderte Lebensentwürfe aufgrund bisheriger Lebenserfahrung umgewandelt werden.

Schüler, 15 Jahre

«Ich kann mir nicht vorstellen, daß ich nicht mehr
sehen, hören, denken kann. Ich habe Angst davor,
im Sarg zu liegen und zu verwesen. Meine Verwandten, Mutter und mein Vater alle so verwesen, grau-
envoll der Gedanke. Ich habe Angst vor dem dunklen Sarg und will nicht an Sterben denken.

Weil ich weiß, daß ich sterben muß, gerate ich bei
diesem Gedanken in Panik. Ich will plötzlich und
ohne Schmerzen sterben und hier so gut als möglich
leben, um dem Tod mit reinem Gewissen ins Auge
zu sehen. Obwohl ich zugebe, schreckliche Angst
vor dem Tod zu haben, gebe ich zu, daß das die einzige Möglichkeit ist, eine Übervölkerung zu verhindern.»

Schülerin, 15 Jahre

«Das Leben hat man nur einmal, es wäre dumm, sich
das Leben zu nehmen. Man weiß nie, was alles geschehen kann, also soll man die Hoffnung auch in
miesen Tagen nie aufgeben, sich auch das Leben
nicht nehmen. Ich glaube, soviel weiß jeder, daß das
Leben etwas Einmaliges ist. Der Tod kommt früh
genug. Was nach dem Sterben geschieht, muß man
Gott überlassen oder seiner jeweiligen Überzeugung. Die Angst vor dem Tod sollte man früh genug
unterdrücken, sonst lebt man ja nur noch in Angst,
und damit verdirbt man sich dann das eine Leben,
das man nur hat. Das einzig Gute am Todesgedan-
ken ist, wenn man daran glauben kann, daß der Tod
die Sünden auslöscht. Aber was schrecklich Aufregendes wird wohl nach dem Tod nicht mehr passieren. Die Gefühle sterben wohl auch beim allgemeinen Körperzerfall. Dann merkt man die ewig dau-

ernde Langeweile nicht. Oder nach dem letzten Atemzug entwickeln sich flüchtige Gase, die dementsprechend in der Atmosphäre total andere Verhaltensweisen zeigen als Menschen mit Körper. Man hat ähnliches in Filmen versucht darzustellen. Meine Hoffnung wäre, daß sich meine Verwandten mal nicht über Materielles (Schmuck usw.) streiten, wenn ich tot bin. Das würde nur ihr Leben vermiesen, denn nach ihrem Leben hier können sie sowieso nichts mitnehmen. Das ist das einzige, was ich immer wieder aufregend finde an dem Thema Tod: Hier wird man verrückt vor Mühe, damit man sich viel anschafft und vergnügt, und nachher, nach höchstens 100 Jahren, fragt niemand mehr danach. Irgendwann spricht keiner mehr mit einem darüber, und dann wird alles Angeschaffte zu Quatsch. Man soll sich zur eigenen Freude hier eben viele Lebensgags leisten, aber wissen, daß man sie irgendwann nie, nie wieder benutzen kann. Und das ist irgendwie natürlich auch wieder für jeden Menschen unheimlich. Aber was soll man machen? Mich würde interessieren, was andere zu diesem Thema geschrieben haben.»

Die Angst vor dem Tod bestimmt diese Kinder. Man kann nur dann wirklich sterben, wenn man ein gutes Gewissen hat. Aber gleichzeitig scheint der ständige Gedanke an den Tod doch «das eine Leben, das man nur hat» zu verderben. Deshalb sollte man «die Angst vor dem Tod früh genug unterdrücken». So nüchtern Tod als «allgemeiner Körperzerfall» hier gesehen wird, bleibt doch der Gedanke des eigenen Fortbestehens als Vorstellung der «ewig dauernden Langeweile» erhalten, weil nach dem Tod kaum mehr «was schrecklich Aufregendes» passieren wird. Beim Tod sind die Gedanken dieser 15jährigen mehr auf die Beobachtung der Erwachsenen gerichtet, die sich als Hinterbliebene um den Nachlaß streiten könnten – anscheinend eine beobachtete Erfahrung. Die Wahrnehmung der Zeit als Element der Vergänglichkeit und Beweis der Belanglosigkeit allen Mühens um materiellen Besitz, der nach 100 Jahren zum «Quatsch» wird, verbindet sich mit der Zwiespältigkeit, daß man sich andererseits doch nicht alle Freuden des kurzen Daseins versagen kann: «Aber was soll man machen?» Überraschend ist die frühe Einsicht in die Einmaligkeit und Unwiederbringlichkeit der jeweils erlebten Freuden, das Wissen, daß man alles Erworbene «irgendwann nie, nie wieder benutzen kann».

Wenn man nur für einen Augenblick über die Begräbnisrituale alter Kulturen nachdenkt und die Beschreibung der zahlreichen historischen Grabfunde nachliest, wird der große Schritt deutlich, der heute bereits im Bewußtsein eines Kindes vollzogen werden muß: Alle Gegenstände, die in der frühen Menschheitsgeschichte dem Toten mit ins Grab gegeben wurden, verbanden ihn in der Vorstellung der Überlebenden und in seiner eigenen weiterhin mit ihrer Welt: Spielzeug, Schmuck, Speisen, Behälter, Waffen und Gold garantierten dem Gestorbenen ein gleiches, wenn nicht besseres Leben im Jenseits. Heute dagegen ist es für die meisten Erwachsenen schwer, die Fragen eines Kindes beim Begräbnis zu beantworten: «Warum werfen die den Dreck auf den Sarg?», oder: «Wieso bekommt der Opa so viele Blumen – die welken doch alle?»

Erst der christliche Glaube hat die besitzlose Rückkehr zum Ursprung gelehrt, obwohl auch heute noch Päpste und Potentaten in vollem Ornat und Schmuck ihrer irdischen Würden bestattet werden. Die Formel «Asche zu Asche» bleibt für Kinder und Jugendliche unverständlich ohne die Einsicht, daß es die Rückkehr nur des Leibes zum Ursprung, zur «Mutter» Natur ist. Welch großer Schritt muß also von einem Kinde vollzogen werden, bis es in ernster Krankheit plötzlich begreift, daß es alles hinter sich lassen muß, was in seinem jungen Leben Bedeutung hatte!

Guido, 15 Jahre

«Ich weiß, daß alle Lebewesen mal sterben müssen.
Der Gedanke, weg für immer zu sein, ist natürlich
unheimlich. Warum es diese Einrichtung gibt, daß
man sterben muß? Das ist nun mal so, damit hier
neue Menschen Platz haben. Ich glaube nicht, daß es
so was wie Gott gibt, der sich Sterben ausgedacht
hat, obwohl auch kluge Leute das behaupten. Wie
soll denn das funktionieren, frage ich mich, wenn
man nach dem Tod bei Gott sein soll? Ich glaube, das
hat sich mal im Altertum ein frommer Mensch, so
ein Mönch vielleicht, ausgedacht und es weitererzählt, damit keiner mehr vor dem Tod Angst haben
sollte. Früher waren die Leute dümmer, und so haben sie das alles weitererzählt. Wenn ich mal sterbe,
werde ich zu Nichts. Man lebt ja eine Weile. In der
Zeit kann sich jeder an den Todgedanken gewöhnen. Daß ich gelebt habe, ist der Sinn.»

Guidos Todesvorstellung lehnt sich noch an seine frühkindlichen
Phantasien an: Tod bedeutet für junge Kinder, die mit den Begriffen Sterben und Tod noch nichts verbinden können, einfach
«weg-sein», nicht mehr dasein, nicht mehr wiederkommen.
Viele Eltern bedenken wenig, daß für das jüngere Kind jede längere Trennung gleichbedeutend mit diesem Wegsein, also «Tod»
ist, zumal es für kleinere Kinder schon nach wenigen Wochen
schwer ist, das zuvor nur vage Bild der Eltern zu erinnern. Die
Angst, verlassen zu werden, das «Unheimliche» dieses Wegseins, wie es Guido beschreibt, verstärkt sich, je öfter längere
Trennungszeiten sich wiederholen. Dem Kind bleibt dann kaum
eine andere Möglichkeit, als seine Gefühle an die Personen zu
binden, die ständig «da» sind.
   Guido hat ernste Zweifel, ob Gott sich nicht einfach «das Sterben ausgedacht» hat. Für ihn ist Tod eine «Einrichtung», die
«nun mal so ist, damit hier neue Menschen Platz haben». Das

klingt arg nach Wohnungsnot und Kampf um Raum. Nur dumme Leute, die mal früher lebten, glauben nach Guidos Überzeugung an Gott. Folgerichtig wird Guido im Sterben einfach zu «Nichts», obwohl es ihm vielleicht doch schwerfallen dürfte, diese lakonische Erklärung seiner erwachsenen Umgebung, die er übernommen hat, wirklich zu verstehen. In der «Weile», die man lebt, kann man sich dann an den Tod «gewöhnen», und dann bleibt der letzte Sinn, «daß ich gelebt habe». Man ist versucht zu fragen: «Aber wie, lieber Guido?» Die Versuchung ist groß, Guidos Eltern danach zu fragen, wie sie wohl den Tod eines nahen Freundes oder den unerwarteten Tod eines Ehepartners bewältigen würden, ohne dabei ihre Gefühle in dem zu eng werdenden Panzer der intellektualisierten Verlustabwehr zu ersticken. Wenn der Tod «Nichts» ist, dann ist auch das Leben – das eigene und das der anderen – nicht viel wert. Es zu beseitigen oder zu verlieren bedeutet dann nur: Platz schaffen für neue Menschen. Eine «Einrichtung»!? Mit 18 bis 20 Jahren mag Guido diesen anerzogenen Mythos vielleicht besser durchschauen, aber gegen wen wird sich dann diese Umkehr richten?

Schüler, 15 Jahre

«Also irgendwie ist mir schon klar, daß jeder, der einmal angefangen hat zu atmen, der atmet irgendwann einmal das allerletzte Mal auf dem Planet Erde. Was für einen Beruf der Mensch hat und ob er sehr hübsch aussieht oder nicht oder krank ist oder gesund oder ob ein Schüler zum Beispiel besser Fußball spielt oder nicht, so wichtig ist das alles nicht, wenn man weiß, daß man mal tot ist. Wichtig ist, daß der Mensch das geworden ist, was er am besten kann, damit er sich wohlfühlt, solange er lebt. Weil man dann freundlich zu allen Menschen ist, die man noch so auf der Erde antrifft, dann braucht es keinen Neid und keinen Haß zu geben, ich meine, man tut niemand unnötig weh und man braucht dann auch nichts mehr zu bereuen, wenn man bei dem Sterben nachher im Bett liegt.

Ich glaube nämlich, daß man in irgendeiner Atmosphäre wieder aufwacht als geistiges Wesen ohne eigenen Körper. So fängt jeder wieder neu an, aber dann hat jeder gemerkt, daß er eine Religion braucht. Dann ist jeder nach seiner Religion bei einem anderen Gott. Die Götter müssen dann zusehen, wie sie die Menschen aufteilen, das ist dann aber auf keinen Fall mehr die Sache der Menschen. Das ist das einzige Schöne, was ich beim Sterben finde, daß man keine Schuld mehr kriegen kann, wenn man was falsch gemacht hat. Hauptsache, das Sterben tut nicht weh. Aber dafür kann die Medizin ja heute sorgen. Wenn ich hier auf der Erde an Gott geglaubt habe, kann mir nach dem Totsein ja nichts mehr passieren. Das Weiterleben ohne Körper ist also viel spannender und für immer sehr schön. Nur, man muß sich hier auf dem Planeten erst qualifiziert haben. Das Wichtige ist eben, daß man sich schon hier auf der Erde darauf vorbereitet hat, damit man nicht erst in den letzten paar Minuten, wenn man da im Bett liegt, daran denkt. Wie gesagt, wenn der Übergang nicht wehtut, braucht man vor dem zweiten Leben ohne Körper, so glaube ich, keine Angst zu haben. Man muß sich eben an den Gedanken nur früh genug gewöhnen, dann macht das erste Leben mit Körper und Geist auch viel mehr Spaß.»

Wie sehr in der Unbestimmtheit religiöser Vorstellungen die Bilder eines Lebens nach dem Tode aus diesseitigen Erfahrungen abgeleitet werden, wird bei dem 15jährigen Schüler in seiner Idee eines fast griechischen Götterolymps erkennbar. Jeder ist «nach seiner Religion bei einem anderen Gott». Die Erkenntnis, daß es in der Umwelt Freunde mit anderen Religionen, Glaubensinhalten und Gottesvorstellungen gibt, führt zu dem logischen Schluß, daß dann dort irgendwo wohl ganz verschiedene Götter sein müssen. Was bleibt, ist die Körperlosigkeit nach dem Tode und «das einzige Schöne ... daß man keine Schuld mehr kriegen kann, wenn man was falsch gemacht hat». Der Gewissensdruck ist erheblich, denn Freundlichkeit soll allen Neid und Haß auf dieser Erde beseitigen, die man im Sterben bereuen müßte. So unklar und vielfältig die Vorstellungen dieses 15jährigen auch noch sein mögen, eines steht auch für ihn fest: Das Wissen um den Tod bestimmt das Verhalten im Leben.

Verena S., 16 Jahre

«Ich kann nicht sagen, welchen Sinn der Tod hat.
Kein Mensch kann wissen, warum man sterben muß.
Der Grund dafür ist, daß man den Tod nicht definieren kann, man kann ihn nicht beschreiben. Also kann man nicht seinen Sinn wissen. Beim Leben ist das anders: Es liegt vor mir, ich begreife es, das Leben ist einfach da. Ich glaube, ich werde den Tod zu meinen Lebzeiten hier auf der Erde nicht begreifen, geschweige denn seinen Sinn erklären können. Aber der Tod hat einen Sinn. Sonst hätte ihn Gott nicht geschaffen! Ich glaube an ein Leben nach dem Tode.
Wenn ich gestorben bin, so stelle ich mir vor, weiß ich nicht, daß ich mal gelebt habe. Ich schlafe einen zeitlosen, traumlosen Schlaf. Ich fühle dabei nichts.
Irgendwann wird mein Schlaf beendet: Meine Seele wird geweckt, mein Körper gehört nicht mehr zu mir; er ist eine irdische Materie, also bleibt er im Grab. «Ich» (man kann eigentlich nicht mehr von einem «Ich» als Körper sprechen, denn mein Dasein ist nur abstrakt) stehe vor dem Jüngsten Gericht.
Dort stehen alle Menschen, die jemals auf Erden gelebt haben. Ich sehe sie nicht als Menschen, sondern als viele, viele Menschenleben, die in Form von Filmen dargestellt werden. Über ihnen ist Gott und

sein Sohn. Jeder «Mensch» wird dazu veranlaßt, jedes Wort, das er auf Erden gesagt hat, jede Handlung, die er getan hat, vor Gott zu rechtfertigen. Dabei gibt es keinen, der nichts Böses getan hat oder gedacht hat. Aber diejenigen, die ihre Sünden bereuen und die es schon als irdische Menschen getan haben, erhalten ein neues Leben: das ewige Leben! Die anderen, die dazu nicht ausgesucht werden, versinken wieder in diesen zeitlosen Schlaf, in dem sie nichts spüren. Für mich bedeutet das ewige Leben die höchste Belohnung, die man bekommen kann. Im ewigen Leben gibt es keine Körper, sondern nur geistige Wesen, die zusammen eine große Masse von Frieden, Harmonie, Liebe und Glück bilden.»

Holger W., 18/19 Jahre

«Weil ich weiß, daß ich sterben muß, muß ich mein Leben nutzen. Nach dem Sinn meines Lebens fragen. Dafür in allen Philosophien, Religionen Antworten für Sinnfragen suchen. Alle Erfahrungen, die man mit seinen Mitmenschen macht, analysieren, seine eigenen Handlungen zum Guten hin entscheiden und möglichst objektiv beurteilen. Wichtig ist, daß man hier Haß und Brutalität bekämpft, um eine Vorstufe zum Paradies zu schaffen, was von der christlichen Religion nach dem Tod als Paradies bei Gott beschrieben wird. Deshalb möchte ich hiermit deutlich sagen: Nur mit Eigenzwang zur Liebe und Güte schafft es vielleicht jeder, daß er in seinen paar Jahrzehnten hier auf Erden dazu beitragen kann, anderen Menschen zu helfen, ohne Neid miteinander zu leben auf unserer immer enger werdenden Erdkugel. Wenn ich sterbe und so weiter leben kann wie jetzt, weiß ich, daß trotzdem, was ich als schlecht betrachtet habe, auch schön sein kann, zum Beispiel

die Welt, die ich mit ihrer wunderschönen Schöpfung kennengelernt habe. Die sichtbare Umwelt zu
schützen, die Seelen (Gemüt) meiner Mitmenschen
gesund und froh (schaffensfroh) zu erhalten, wird
weiter meine Aufgabe sein. Ich suche hiermit noch
Anhänger für meine Anschauung! Dann brauche ich
auch keine Angst vor dem Sterben zu haben. Ich
weiß, daß ich, wenn ich mal sterbe, so weit sein will,
daß ich alle Menschen liebe, auch wenn sie meine
Feinde waren. Das ist meiner Meinung nach der einzige Sinn, warum man überhaupt geboren wird.
Wozu sonst der ganze Aufwand um einen Menschen? Der nicht abzuändernde Lebensbefehl: Mal
ist Schluß – Tod! zwingt jeden dazu, darüber nachzudenken. Weil man seinen Todestermin nicht kennt,
muß man jeden Tag mindestens einmal an die Sinn-
frage denken. Genau das ist ja so aufregend für jeden, wenn er sagt: Ich lebe nur einmal hier. Was passiert nach meinem Tod? Eine Religion wird sicher-
lich recht behalten. Mir wäre es am liebsten, daß das
Christentum recht behält. Hier lebe ich als Schöpfung mit Gott, der mir meine Sünden durch seinen
Sohn Jesus vergibt. Wenn ich den Sterbeprozeß (der
ja eigentlich schon anfängt, wenn ich das glauben
kann) durchgestanden habe, bin ich, obwohl ich
mich noch in der Materie (meinem Körper) befinde,
bei Gott. Die Hülle Körper zerfällt in der Erde. Die
Gesinnung meiner Seele (dazu gehört mein Glaube)
ist dann ein Stück Gott, was man natürlich nicht sehen kann. Denn Gott ist Liebe, und Liebe kann man
nicht sehen. Aber wie ich schon sagte, fängt hier
Sterben an, wenn man jeden Tag mehr Liebe unter
seine Mitmenschen bringt als Brutalität. Ich bin also
schon hier durch die Möglichkeit zu lieben und das
auch zu tun bei Gott. Man könnte ziemlich verrückt
werden, wenn man das weiter denkt, weil es dann ein
Sterben, wie man das so im Alltäglichen meint, nicht

gibt. Nach christlicher Religion fängt der Tod hier schon an, man hört nie auf zu leben. Wie soll ich das sagen, also Tod, Ende. Wieder neu leben, Anfang gibt es eigentlich nicht. Wer es schafft, jetzt, wo er noch da ist (anzufassen), auch schon mehr zu lieben als zu hassen und zu morden, lebt in seiner Seele (Gemüt) schon bei Gott, nämlich in der christlichen Liebe. Jesus hat genügend praktische Beispiele davon erzählt (siehe Neues Testament in der christlichen Bibel). Körpersterben (Materiesterben) muß nur sein, damit der verbrauchte Körper mal vergeht und die kranken Menschen endlich diesen Ballast abstreifen können. Wenn ich zu bestimmen hätte, würde ich kranke Menschen nur kurz leben lassen, sie dann in einem gesunden Körper noch einmal leben lassen, damit sie alles so genießen können wie ich. Mit meinem Freund, der gelähmte Beine hat, habe ich mal darüber gesprochen. Er fände es auch gerechter. Noch mal zum Thema Sterben, Tod. Ich habe keine Angst vor dem Tod, denn ich rechne damit, daß, wenn es mir gelingt, noch beständiger an den christlichen Gott zu glauben, dieser Gott Wort hält und mir meine Verhaltensweisen, die sündig waren, vergibt.

Holger W. und Verena S. sehen Tod und Sterben aus christlichem Glauben. Verena weiß, daß sie den Tod weder definieren noch beschreiben, noch ihm einen Sinn geben kann, denn Gott hätte den Tod nicht geschaffen, wenn er keinen Sinn hätte. Sie weiß auch, daß jenseits des traumlosen, tiefen Schlafes, wenn ihre Seele wieder geweckt wird, kein «Ich» im Sinne ihres früheren Lebens mehr existieren wird. Ihre Vorstellung vom «Jüngsten Gericht» ist vom Zeiterleben beeinflußt, denn die vielen Menschenleben, die nicht als Menschen vor Gott und seinem Sohn stehen, werden «in Form von Filmen» dargestellt – eine moderne Fernsehmonitor-Vision? Jeder bleibt aber verantwortlich für «jedes Wort, das er auf Erden gesagt hat», und jeder hat Böses gesagt oder gedacht. Nur diejenigen, «die ihre Sünden bereuen», erhalten das ewige Leben und werden «... nur geistige Wesen, die zusammen eine große Masse von Frieden, Harmonie, Liebe und Glück bilden». Es sind die scheinbar unerfüllbaren Ziele des irdischen Lebens, die in dieser Jenseitsvorstellung zur Wirklichkeit werden. Welchen Einfluß wird diese Vision auf Verenas späteres Leben haben, verglichen mit den Vorstellungen anderer Kinder, daß der Tod nur ein Fall ins Nichts sei?

Für Holger W. löst das Wissen um den Tod sofort die Frage nach dem Sinn des Lebens aus. Verantwortlichkeit für die eigenen Handlungen, Kampf gegen Haß und Brutalität, Selbstdisziplin und Neigung zu Liebe und Güte könnten dazu beitragen und anderen helfen, ohne Neid miteinander eine Vorstufe zum Paradies zu schaffen. Auf der Suche nach mehr Anhängern in seinen Bemühungen um den Schutz der Schöpfung hofft Holger weniger Angst vor dem Sterben haben zu müssen.

Das für sich selbst sprechende christliche Bekenntnis Holgers bedarf keiner Interpretation, denn in seinem Glauben ist bei Gott, wer in der Liebe ist. Dennoch, sein Mitgefühl mit dem gelähmten Freund läßt den Allmachtswunsch aufkommen, es ein wenig besser und weniger schmerzlich als Gott machen zu wollen: Die Kranken sollen neu geboren werden, um ein besseres, neues Leben in einem gesunden Körper genießen zu können. Der Widerspruch gegen die Endgültigkeit des Todes ist auch hier erkennbar: «... also Tod, Ende. Wieder neu leben, Anfang gibt es eigentlich nicht ... man hört nie auf zu leben ... der Tod fängt schon hier an.» Obwohl Holger sich mit der Einsicht abplagt, ist dennoch das beginnende Wissen vorhanden: Tod und Leben gehören unlösbar zusammen. Der Tod wird nicht am Ende angestückt, sondern das tägliche Sterben begleitet uns unterwegs auf der langen Lebensstrecke. Einsicht und Abschiednehmen von Vergangenem, Liebe geben, anstatt sie zu fordern, begründet das «neue Leben», hier und jetzt, «wenn man jeden Tag mehr Liebe unter seine Mitmenschen bringt».

Wer wüßte es nicht? Und doch ist es so schwer für uns alle, das zu leben.

Trauer hilft, mit dem Verlust zu leben

Psychologische Hinweise für die Eltern

Sosehr uns die direkten Aussagen der Kinder auch darüber belehren, auf welche Weise sie sich mit Tod und Sterben auseinanderzusetzen versuchen, bedarf es doch vielleicht einiger ergänzender Hilfen, Einsichten und Leitlinien für diejenigen Eltern, die mit ihren Kindern Krankheit, Tod und Verlust in der eigenen Familie gemeinsam bewältigen müssen. Gewiß gibt es im Einzelfall keine allgemein zu bestimmende Regel. Vielmehr hängt die Bewältigung der jeweiligen Situation von vielen Umständen ab. Dazu gehört das zuvor bestehende Familiengefüge, die Gefühlsnähe und das gegenseitige Vertrauen der Betroffenen, gleichsam die ganze Erlebnisgeschichte der Familie, die in verschiedener Weise in den Gefühlserinnerungen des einzelnen Familienmitgliedes im Inneren verschlossen ruht. Auch die sehr verschiedene Fähigkeit, Gefühle in Worten auszudrücken – also der persönliche Umgangsstil –, bestimmt die Möglichkeiten, Trauer gemeinsam bewältigen zu können. Um so mehr kommt es darauf an, solche zurückgehaltenen Gefühle auszusprechen, zu klären und in einem neuen Lichte zu sehen, ehe es zu spät ist und Abwehr, Angst oder Abkapselung diese Aussprache verhindern.

Das Kind, die Tiere und die Puppen

In den meisten Fällen wird das erste Erlebnis des Todes für Kinder mit dem Tod eines Haustiers verbunden sein. Ob es nun der Kanarienvogel, der Goldhamster, die Katze, der Haushund oder ein Kaninchen ist, ein totes Tier in der Wildnis oder am Straßenrand, für Kinder ist dies das erste Erleben der Endlichkeit aller Kreatur. Dabei gibt es in der Vorstellungswelt des Kindes gute und böse Tiere. Eine Ratte, von der Katze gefangen oder von einem Erwachsenen totgeschlagen, hat eine andere Bedeutung als ein Tier, zu dem enge, oft vermenschlichte Gefühlsbeziehungen bestanden. Die Beobachtung des Abschlachtens von Tieren in der ländlichen Umgebung hinterläßt bei kleineren Kindern meist, trotz aller Erklärung, Schrecken und Ängste, die spätere Auswirkungen haben können.

Aus der Kinderpsychologie wissen wir, daß Kinder eine vom dritten Lebensjahr ausgehende, mitunter länger anhaltende «animistische Phase» durchlaufen. Es ist die gleiche Zeit, in der Kinder Angstträume von wilden Tieren und «Monstern» haben, von denen sie sich bedroht fühlen. Für das Kind liegt es daher nahe, zwischen guten und bösen Tieren zu unterscheiden. Die «guten» Tiere – in verkleinerter Form die Stofftiere als Spielgefährten – repräsentieren die Anlehnungs- und Zärtlichkeitswünsche, wie sie im Liebhaben und Streicheln zum Ausdruck kommen. Die «bösen» Tiere dagegen verkörpern die unterdrückten, aggressiven und destruktiven Wünsche, von denen sich das Kind verfolgt und bedroht fühlt. Daher identifizieren sich Kinder ganz allgemein mit Tieren auf verschiedene Weise, besonders aber mit Haustieren, die als Spielgenossen «vermenschlicht» werden. Der Tod und Verlust eines so nahen Haustieres ist für viele Kinder fast gleichbedeutend mit dem Tod eines Geschwisters. Für jüngere Kinder hat daher etwa das Abschlachten und Essen eines Haustieres, zum Beispiel eines Kaninchens, eine schreckliche Bedeutung. Manche späteren Eßschwierigkeiten oder die Ablehnung bestimmter Speisen im Erwachsenenleben sind gelegentlich auf solche längst verdrängten Erlebnisse zurückzuführen.

Es besteht aber noch ein anderer, weiter in die früheste Kindheit zurückreichender Zusammenhang. Jedes Kind erlebt den Verlust der innigen Einheit mit der Mutter, insbesondere nach dem Abstillen oder bei einer zu früh erzwungenen Reinlichkeitsgewöhnung, mit Angst und Schmerz. Manche Eltern verstehen dann nicht, wie wichtig dem Kleinkind ein bedeutungsloser Stoffetzen ist oder eine Kinderdecke, die es hinter sich herschleift, eine unansehnliche, schmutzige Stoffpuppe, aber auch zum Beispiel ein durchlöcherter Teddybär, ein brüchiges Holzpferd oder ein anderer, ängstlich bewachter, längst invalider Gegenstand. Solche vom Kind mitgeführten Gegenstände, deren Entfernung Tränen und Geschrei verursachen, das zunächst ganz unverständlich erscheint, stellen für jedes Kind ein wichtiges «Übergangsobjekt» dar.

Was Winnicott mit der Prägung dieses Begriffes beschreibt, umfaßt den unvermeidlichen Schmerz des Kindes in der allmählichen Abtrennung von der Mutter, dessen Gefühlsinhalte durch die Stellvertretung und die ängstliche Erhaltung eines solchen geliebten Übergangsobjekts bewahrt werden. Das Kind überträgt gleichsam die verlorene erste zärtliche Liebe, die es früh empfing, auf die Puppe oder den Teddybär, kurz auf das jeweilige Übergangsobjekt, das in der Welt des Kindes die verlorene Mutter, aber auch die verlorene unschuldige erste Kindheit repräsentiert. Wir als Erwachsene verhalten uns im Trauerprozeß nicht viel anders. Vielmehr bewahren wir einen Gegenstand oder ein Bild, die Taschenuhr, ein Kleidungsstück oder einen bedeutsamen Gegenstand als Andenken an einen geliebten Verstorbenen, bis wir genügend Zeit gefunden haben, in der «Trauerarbeit» (Freud) in unserem Inneren ein neues, tröstliches Bild und eine realistische Erinnerung an den Verstorbenen zu errichten. Der Erwachsene ist in seiner Trauer trotz aller Bemühungen seiner Umgebung nicht weniger allein als das Kind. Gerade weil die frühe Trauer mit einem vom Kinde sehr schmerzlich erlebten Liebesverlust verbunden ist, wiederholt sich diese erste frühe Erfahrung in jedem späteren Verlust, so also auch in der Erfahrung des Sterbens, denn das «Wegsein» der Mutter ist für das Kleinkind auf der primitiven Gefühlsebene gleichbedeutend mit dem «Totsein», das der Erwachsene erlebt.

Wem das zu psychologisch erscheint, der sei an zwei bekannte Zusammenhänge erinnert: Schlafende Eltern sind oft verärgert, wenn sie von Kleinkindern bei der Nase gepackt und aus dem Schlaf aufgeschreckt werden (Großmütter sind etwas verständnisvoller). Bewegungslosigkeit bedeutet für kleine Kinder tot sein. Erst später lernen sie, daß Atmen (und Schnarchen!) Lebensbeweise sind. Wenn also Mutter oder Vater sich nicht mehr bewegen, muß man sie in Bewegung setzen, damit sie wieder «da» sind und leben. Nase und Ohr sind im allgemeinen die erfolgreichsten Angriffsorgane und der Ärger der Eltern für das Kind ein beruhigender Lebensbeweis.

Die Bedeutung des Übergangsobjekts auch für den Erwachsenen wird in einer alten Hamburger «Klein-Erna-Geschichte» überdeutlich. Als ein Trödler bei der nun erwachsenen Klein-Erna vorspricht, um die Kleider des verstorbenen Ehemannes günstig von der Witwe einzuhandeln, gibt sie zwar das Jackett und die Weste her, aber als der Hausierer nach der Hose fragt, erhält er die klassische Antwort: «Nee – zu die Hose bin ich noch zu traurig zu.»

Zweck dieser Hinweise ist die Betonung, wie wichtig es ist, für Kinder ein Übergangsobjekt zu schaffen, das ihnen nicht nur die Trauerarbeit erleichtert, sondern eine Identifizierung mit dem Verstorbenen und die Aufrichtung eines bleibenden inneren Erinnerungsbildes ermöglicht. Der oft heftige Streit hinterbliebener Geschwister ist weniger auf materiellen Gewinn gerichtet als auf den Anspruch und die Hoffnung bezogen, einen für die einzelne Person in ihrer Beziehung zu dem Verstorbenen bedeutsamen Gegenstand zu erhalten, der die Erinnerung an den Toten belebt und stellvertretend seine Gegenwart symbolisiert. Diese Grundregel trifft für Kinder aller Altersstufen zu.

Die Generationenfolge

Wichtiger ist jedoch die rechtzeitige Vorbereitung auf ein besseres Verständnis von Sterben und Tod. Obwohl es Literatur gibt, gespickt mit sogenannten Falldarstellungen, ist das persönliche Erlebnis in der einzelnen Familie eben kein «Fall», der sich objektiv «analysieren» ließe, sondern eher eine Flutwelle von überwältigenden und einander widersprechenden Gefühlen. Verzweiflung, Schuld, Reue, halbe Befriedigung, Angst und oft auch Ärger mischen sich mit aufgerührten, lange vergessenen guten und schlechten Erinnerungen. Jeder Tod eines nahestehenden Menschen ruft in der Erinnerung der beteiligten Erwachsenen und Kinder all jene Szenen wach, die für den einzelnen ungelöste Probleme enthalten, Ungerechtigkeiten und Ressentiments sowohl wie unausgesprochene Dankbarkeit und die Einsicht, wieviel Gutes der Sterbende uns gab. Auch die Wiederkehr kindlicher, schuldbeladener Todeswünsche, die in Zorn und Ärger heimlich gedacht oder gar ausgesprochen wurden, belastet Kinder und Erwachsene. Bei Kindern ist es hauptsächlich die Angst vor Vergeltung, die manchmal zu unbewußten Formen von Selbstbestrafung durch Unfälle, Krankheiten oder bei Jugendlichen durch selbstzerstörerische Handlungen führt. Weder die Verleugnung noch die Idealisierung hilft Kindern, ihre Trauer wirklich zu bewältigen. Obwohl es wirklich keine Rezepte gibt, die der einzelnen Familie und den Kindern helfen könnten, wird man das Generationserlebnis des Kindes immer mit einbeziehen müssen. Der Tod der Großeltern wird anders erlebt als der Tod eines Elternteils oder eines älteren oder jüngeren Geschwisters. Das beruht auf der kindlichen Unterscheidung zwischen alt und jung. Die Nähe oder Ferne der Großeltern macht aber einen erheblichen Unterschied aus. Es ist wahrscheinlich, daß dem Sterben eines gemeinsam mit den Eltern oder in der Nähe wohnenden, vertrauten Großelternteils eine längere oder wiederkehrende Krankheit vorausgeht, die den Eltern die Möglichkeit gibt, Kinder schrittweise auf die Bedeutung des Todes vorzubereiten. Insofern hatten es Kinder, die in der kaum noch existierenden ländlichen Großfamilie aufwuchsen, wesentlich leichter, als drei bis vier Generationen, die in der gleichen Umgebung zusammen lebten, dem Kind ein allmählich zunehmendes Verständnis von Tod und Generationenfolge ermöglichten. Das Sterben konnte da weniger beängstigend und mehr als selbstverständliches, natürliches Ereignis in einer sich gleichbleibenden Umgebung erlebt werden. Kinder in modernen Großstadtfamilien sind fast völlig auf ihre Eltern, auf unberechenbare Nachbarn, die Erklärungen anderer Kinder im Wohnblock der Mietshäuser oder auf die Kommentare der Mitschüler und Lehrer angewiesen. Dadurch wird die Aufgabe für Eltern und Kinder schwieriger, solange keine vertrauenswürdigen Nachbarschaftsgruppen und Glaubensgemeinschaften einen stützenden Rückhalt für sie bieten. In jüngster Zeit bilden sich jedoch in vielen Ländern spontan Elterngruppen, die durch Gesprächsaustausch einander helfen und aus eigener Erfahrung wichtige Zusammenhänge für andere Eltern vermitteln.

Die hier ausgewählten kindlichen Zeichnungen und Aufsätze sind ein Mittel, die Gefühle von Kindern bei der Bewältigung von Tod und Sterben besser zu verstehen. So bestätigen einige Texte, daß der Tod der Großeltern wirklichkeitsgerecht verstanden wird, weil die meisten Eltern in dieser Weise reagieren. Einmal, weil eine vielleicht langzeitige Sorge und Belastung ihr Ende gefunden hat, und zum zweiten, weil für den Erwachsenen der Tod der eigenen Eltern stets Besinnung und eine Veränderung im Verhalten den eigenen Kindern gegenüber allein dadurch mit sich bringt, daß jüngere Kinder offen und ältere Kinder unausgesprochen die Frage nach dem möglichen Tod der Eltern aufbringen. Die Antwort wurde eingangs besprochen, es wäre jedoch zu ergänzen, daß eine größere Bereitschaft zur Verantwortung im Kinde dann geweckt wird, wenn es ihm möglich gemacht wird, sich seines eigenen Platzes in der Generationenfolge bewußt zu werden. Das schließt für die Eltern die Bereitschaft ein, über das Leben und Sterben der Großeltern und Urgroßeltern, also über die längere Familiengeschichte in einer Weise zu sprechen, die es dem Kind ermöglicht, in solchen Zeitabschnitten zu denken.

In Gesprächen mit Erwachsenen der mittleren Jahre bin ich gelegentlich einer unterdrückten heimlichen Identifizierungsangst begegnet, die, auf kindlichen Erfahrungen beruhend, sich bis in die Mitte des Lebens fortgesetzt hatte. Die Großmutter hatte dem fünfjährigen Enkel erzählt, daß der väterliche Großvater früh an einem Herzschlag gestorben sei. Wie eine Bestätigung des unheilvollen Familienschicksals wirkte es auf den dann fünfzehnjährigen Sohn, als der Vater mit 41 Jahren an einer unbekannten Krankheit starb – mit dem Ergebnis, daß dieser nunmehr 38jährige Enkel – ein erfolgreicher Geschäftsmann und Vater eines 14jährigen Sohnes – nahezu fest davon überzeugt und in tiefer Angst war, daß ihn das Todesschicksal von Vater und Großvater ebenso an seinem 40. Geburtstag ereilen würde. Eine Kinderangst, begründet auf der eingekapselten, gutgemeinten Warnung der Großmutter, war zu einer Art sich selbst erfüllender Lebensprophezeiung geworden. Dieses Beispiel erläutert aber lediglich, wie die Gleichsetzung von völlig verschiedenen Lebensumständen oder die Angst vor in dieser Form kaum existierenden Erbfaktoren das Verhalten einer Familie gegenüber dem Tod beeinflussen kann. Der 40jährige starb nicht, bedurfte aber eines völlig neuen Lebensentwurfes, der nun seinem 26jährigen Sohn und dessen Lebensmut zugute kommt.

Vollwaisen

Für Kinder aller Altersstufen ist der plötzliche, unerwartete Tod eines Elternteils sicher am schwersten zu überwinden, schwerer noch ist es natürlich, wenn beide Eltern bei einem Unfall umkommen und keine Verwandten existieren, die sich der hinterbliebenen Kinder annehmen können. Obwohl dieser tiefe Einbruch für ein Einzelkind schwer zu überwinden ist, trifft eine nachfolgende Trennung von Geschwistern* aus ökonomischen

---

* Das Buch «Die verlorenen Kinder» von K. Hayes und A. Lazzarino (München 1979) beschreibt anschaulich das Schicksal von ausgesetzten, verwaisten

oder sozial-technischen Gründen das einzelne Kind zusätzlich noch härter als manche Sozialinstitutionen es in der «Fürsorge» annehmen.

Die Erfahrung zeigt, daß die meisten Erwachsenen entweder hilflos sind oder dem hinterbliebenen Kind so großes Mitleid entgegenbringen, daß seine Trauer dadurch eher erschwert wird. Es kommt darauf an, den Tageslauf des Kindes sinnvoll zu füllen, im Spielalter am besten mit anderen Kindern, im Schulalter durch ruhige, verstärkte Zuwendung ohne jede Anspielung auf den Verlust, es sei denn, das Kind selbst eröffnet die Frage, die meist jdoch auf die ungewisse Zukunft gerichtet ist. Im Schulalter genauso wie im Reifealter kommt es mehr darauf an, Vertrauen zu gewinnen und neue Interessenfelder anzubieten. Nach außen gerichtete Kinder und Jugendliche tun sich dabei leichter, wenn sie neue Interessen mit anderen Kindern teilen können. Dabei beginnen sie mit diesen Freunden über ihren Verlust zu sprechen und finden meist Verständnis und Hilfe von Gleichaltrigen. Manchmal sind Freundschaften mit etwas jüngeren Kindern hilfreich, weil das trauernde Kind dann unbewußt in die Eltern- und Beschützerrolle verfällt und so durch Identifizierung mit den verstorbenen Eltern seine Trauer überwindet.

Schwieriger ist die Bewältigung des Verlustes für mehr nach innen gerichtete Kinder, die zum Rückzug und zu verborgener Depression neigen. Auch hier ist verstärkte Zuwendung ohne Aufdringlichkeit notwendig, aber es erfordert mehr Geduld und sehr viel vorsichtigen Takt, da introvertierte Kinder sich nur einem Erwachsenen aufschließen, der einfach ruhig «da» ist, Zeit und Geduld hat und nicht aktiv in die Innenwelt des Kindes einzudringen versucht. Das Angebot von Literatur, aber wenn möglich auch Erweckung neuer Interessen für Theater, Drama, Musik, Kunst oder ernsthaftere Diskussionsgruppen Jugendlicher helfen in der bei solchen Kindern länger währenden Über-

Geschwistern, die in der Amtsmühle des sozialen Paragraphendickichts um ihren Zusammenhalt als Geschwistergruppe kämpfen. Geschwister, die beide Eltern verlieren, sollten so lange zusammenbleiben können, bis sie den Tod der Eltern und ihre Trauer überwunden haben.

windung der Trauer. Es sollte jedoch vermieden werden, das Kind gewaltsam durch Betriebsamkeit ablenken zu wollen. Besonders wichtig ist für Kinder jeden Alters in dieser Lage eine sachliche Klärung ihrer Zukunft, die den Eindruck vermeidet, wahllos herumgereicht zu werden, ohne eine bleibende neue Heimat und Beziehung zu verständnisvollen Erwachsenen finden zu können.

Wenn die Mutter stirbt

Krankheit und früher Tod der Mutter beeinflussen nicht nur das gegenwärtige Leben des Kindes, sondern führen später fast immer zu unbewußten Störungen in der Ehe und im Verhältnis zu den eigenen Kindern, die allzuoft zu lange übersehen werden. Für das jüngere Kind bis zum Reifealter hängt darum alles davon ab, ob sich eine warmherzige, liebevolle, stetige Zuwendung einer neuen Beziehungsperson finden läßt. Oft erhalten Kinder von Verwandten und nahestehenden Freunden zum Trost Spielzeug und die kritiklose Erfüllung materieller Wünsche anstelle von Zuwendung, Liebe und der Möglichkeit, wirklich zu trauern. Kinder, die mit einer noch jugendlichen Großmutter aufwuchsen, die von Anfang an die Mutterrolle übernahm, werden zunächst den Tod der Mutter, die fern erschien, leichter überwinden können. Das tiefere Problem entsteht, wenn sich in der Reifezeit der größere Altersunterschied und die verschiedene Einstellung der Generationen im Verhältnis zu der dann älteren Großmutter bemerkbar machen. Umgekehrt stehen manche Mütter ihren Kindern hilflos gegenüber, wenn die sterbende Großmutter zuvor die intensivere Beziehung zum Kind hatte.

Das Erlebnis ist für Töchter und Söhne verschieden. Während Töchter auf den frühen Verlust der Mutter oft mit größerer Selbständigkeit reagieren, bleibt dennoch im Unbewußten die unbestimmte Sehnsucht nach wärmender Liebe bestehen, die dann später für den ahnungslosen männlichen Ehepartner schwer zu erfüllen ist, zumal er oft gar nicht verstehen kann, daß seine Ehefrau unbewußt als Tochter von ihm immer wieder die Liebe einer Mutter erwartet.

Knaben reagieren mit sehr langer Trauer auf den Verlust der Mutter. Auch hier ist es schwer für einen späteren Ehepartner, dieses unbewußt andauernde Verlustgefühl überwinden zu helfen. Dennoch kann die Entwicklung ganz unterschiedlich verlaufen, je nachdem, ob die Umgebung zur Verleugnung und zum Vergessen beiträgt oder dem Kind genügend Zeit zur Trauer und zur Belebung eines tröstlichen inneren Erinnerungsbildes gelassen hat. Frühe Verleugnung und Unterdrückung, die besonders im Falle eines Selbstmordes der Mutter oder des Vaters naheliegt, der für Kinder völlig unfaßbar ist, führt meist zu einer Art unruhiger, unbewußter und sich fortsetzender Objektsuche. Der spätere Erwachsene hat Schwierigkeiten, bleibende menschliche Bindungen einzugehen, weil der zugrunde liegende, unterdrückte Schmerz niemals wirklich verarbeitet werden konnte. Die Verleugnung des Verlustes führt zu einer Haltung, die abwehrende Schmerzvermeidung erkennen läßt, so als sei ein unsichtbares Warnschild mit dem Text «nie wieder» errichtet worden, das dazu zwingt, jeder intimeren Gefühlsbeziehung auszuweichen, die erneut Verlust und Schmerz mit sich bringen könnte.

Obwohl es keinerlei Verallgemeinerung gibt, gelten doch bestimmte Grundsätze. Im Falle der Krankheit und des Wissens der Mutter um das unausweichliche Sterben brauchen Mutter und Kinder so viel Zeit wie nur irgend möglich, um den schmerzlichen Abschied vorzubereiten. Das hängt freilich von der Anzahl und dem Alter der Kinder ab und von dem Verhältnis der Eltern zueinander, sowie von anderen wichtigen Beziehungspersonen der Kinder, denen sie sich anvertrauen und mit denen sie sprechen können.

Meine eigenen Erlebnisse erscheinen mir an dieser Stelle direkter und glaubwürdiger als psychologische Fakten. Nicht nur der frühe Tod meines älteren Bruders, sondern der Tod meiner Mutter in meinen Reifejahren haben meine Entwicklung beeinflußt. Mit zwischenzeitlichen Unterbrechungen war meine Mutter seit meinem 14. Lebensjahr zunehmend häufig krank. Eine Brustkrebsoperation erwies sich nach einigen Jahren als vergeblich. Obwohl ich in diesem Alter keine genaue Kenntnis des medizinischen Sachverhalts hatte, wurde mir die sich verändernde Familienatmosphäre zwischen dem 15. und 16. Lebensjahr dadurch stärker bewußt, daß meine Mutter zunehmend ernstere Gespräche mit mir suchte, in die oft mein Vater eingeschlossen war. Niemals war dabei vom Sterben die Rede, auch wenig von ihrer Krankheit, sondern von meiner Zukunft und den Freunden, mit denen ich zusammen war. Schließlich, vier Monate vor meinem siebzehnten Geburtstag – meine Mutter war nach kurzem Aufenthalt in der Klinik bereits bettlägerig –, begann sie ein Gespräch, in dessen Verlauf sie mir ruhig und gefaßt ihre Krankheit und das Urteil der Ärzte anhand von Röntgenaufnahmen erklärte. Erst am Ende des Gespräches erwähnte sie die Notwendigkeit, daß ich vielleicht meine Pläne für die Frühjahrsfahrten und Sommerferien mit meinen Freunden ändern müsse, weil ungewiß sei, wie lange sie noch zu leben hätte. So tief mich in diesem Augenblick die unausweichliche Wahrheit traf – ich reagierte natürlich zuerst mit Aufruhr und der Flucht in die Verleugnung, daß es nicht wahr sein könnte und doch noch Hoffnung bestünde –, blieb dieser Augenblick für mich doch ein unauslöschliches Erlebnis der offenen Wahrheit. So schrecklich und schmerzlich das nachfolgende Miterleben des allmählichen körperlichen Verfalls meiner Mutter war, ich wußte doch nun um die Kostbarkeit der verbleibenden Zeit.

Ob es heute noch Studienräte gibt wie jener sehr geliebte Latein-Lehrer, der mich in der Schule behutsam beiseite nahm und durch diese Wochen manche Stunde mit mir in der Lehrerbibliothek verbrachte, einfach um dazusein und mich in aller Verwirrung anzuhören, zu trösten und den zu erwartenden Tod verständlicher zu machen, möchte ich dahingestellt sein lassen. Die langen Gespräche mit meiner Mutter während der verbleibenden Monate bis zum beginnenden Verfall, die Wochen in gemeinsamem Schmerz mit meinem Vater und seinen Brüdern und das ruhige Verständnis jenes

Latein-Lehrers erscheinen mir heute als eine Wohltat, die damals wohl mein Leben aus einer tiefen Verzweiflung rettete, wie es die heute noch erhaltenen Tagebücher dieser Lebensperiode bezeugen.

Der Tod von Mutter oder Vater bedeutet einen so tiefen Einschnitt im Leben eines Kindes oder Jugendlichen, daß er nur dann heilbar ist, wenn es dem Kinde ermöglicht wird, seine schöpferischen Kräfte zu entfalten und angesichts des Todes einen eigenen, wenn auch vorläufigen Lebensentwurf zu entwickeln, der die Tatsache des Verlustes nicht verleugnet.

Wenn der Vater stirbt

So nahe für die meisten Kinder, Söhne und Töchter, die Mutter als die erste, frühe Liebesbeziehung des hilflosen Kleinkindes auch später im Gefühlsleben bleibt, der Verlust des Vaters wird meist deshalb als bedrohlicher erlebt, weil in vielen Familien der Vater nicht nur Autorität verkörpert, sondern auch Versorgung, Sicherheit und ökonomisches Überleben. Der Unterschied zwischen arm und reich ist dabei nur relativ. Das Unglück moderner Familienformen liegt in der Ferne der meisten Väter für die heranwachsenden Kinder. Für jüngere Kinder erhält der Vater zunächst aber gerade durch seine häufige Abwesenheit eine erhöhte Bedeutung. Dadurch wird die anwesende Mutter mitunter in die Rolle gedrängt, die Kinder zu disziplinieren und womöglich ständig zu kritisieren. Noch anders ist es, wenn beide Elternteile arbeiten – in manchen westlichen Ländern heute für fast 50 Prozent aller Mütter mit Kindern im Alter von 5 bis 18 Jahren zutreffend – und entweder ältere Geschwister die Elternrolle teilweise übernehmen oder die Kinder fast ausschließlich auf die Alters- und Freundschaftsgruppen (Peer-Groups) und deren völlig eigene Regeln angewiesen sind.

Für jüngere Kinder verkörpert der Vater eine Autorität, die

oft genug von der Mutter als Drohung zu Hilfe gerufen wird, wenn sie sich gegenüber dem Benehmen der Kinder ohnmächtig fühlt. «Warte nur, wenn Vater nach Hause kommt ...!» Der Vater hat also doppelte Bedeutung. Für die meisten Söhne ist er zunächst ein unliebsamer Rivale, der heimkommend die traute Nähe der Beziehung zur Mutter unterbricht und zur Hauptperson wird. Sowohl dann wie später in der Reifezeit, wenn er den zweifelhaften Namen «mein Alter» erhält, tragen die oft grimmig ärgerlichen und unterdrückten Rivalitätsgefühle des Knaben zu heftigen Schulderlebnissen bei, wenn dem Vater etwas zustößt. Zugleich wird derselbe Vater aber vom Sohn und mehr noch von der Tochter bewundert, zumal für letztere eher die Mutter als Rivalin erscheint.

Krankheit und Sterben des Vaters brauchen die gleiche, wenn nicht mehr Vorbereitungszeit für die Kinder. Nur scheint es sehr viel schwerer, weil die meisten Männer ungeübt und ungeschickt im Aussprechen tieferer Gefühle sind. Auch fühlen sich viele Väter aufgrund ihrer anderen Lebenseinstellung und Identifizierung mit der Rolle des kämpfenden Versorgers so unglücklich im Gedanken an Krankheit, Sterben und Tod, daß sie länger zur Verleugnung beitragen, wenn es der Mutter nicht gelingt, einen Teil der Vorbereitung und Vermittlung zu übernehmen. Das trifft dann meist zusammen mit ihrer eigenen Angst und Sorge um die Familie und die Zukunft der Kinder. Überwältigt von eigenen Gefühlen der Verzweiflung und Lebensangst und schmerzlich bemüht, den Verlust des Liebes- und Lebenspartners vor ihm und sich selbst so lange wie möglich zu verhüllen, geraten viele Mütter in dieser Lage in einen fast aussichtslosen Konflikt. Wissend, daß die Kinder der Hilfe, des Trostes und der Vorbereitung auf eine andere Wirklichkeit bedürfen, fühlen sich viele Mütter dennoch ohnmächtig und hilflos, weil der Verlust des Ehepartners den größten und primären Einschnitt in ihrem eigenen Leben bedeutet. Auch hier hängt es wiederum von der jeweiligen Familienkonstellation ab, ob sich nahestehende Verwandte oder Freunde finden, die den Kindern und der Mutter helfen können. Für Jugendliche kehrt sich die Situation gelegentlich in gewisser

Weise um in der Einsicht, daß sie zum Tröster und zur Hilfe der Mutter werden müssen.

Freilich kann gelebtes Leben und in der Erinnerung verankertes Erleben im Verhältnis von Kind und Vater nicht ungeschehen gemacht werden. Um so mehr kommt es darauf an, früheres, vom Kind als verletzend oder ungerecht erlebtes Verhalten des Vaters verständlich zu machen, ohne ihn zu idealisieren. Diese Aufgabe ist besonders schwer, wenn der Vater oder die Mutter durch Depressionen oder Scheitern am Leben zum Alkoholiker wurde oder unter dem Druck einer Gemütskrankheit nach mehreren vergeblichen Versuchen Selbstmord beging. Die Gefahren, tiefe Verletzungen zu erleiden, sind für Kinder hier so vielfältig wie das Leben selbst, und es ist nahezu unmöglich, jede nur denkbare Lebenssituation vorauszusehen, in die Kinder im Zusammenhang mit dem Tod ihrer Eltern geraten können. Wichtig ist jedoch in jedem Falle, dem Kind eine Erinnerung an den sterbenden Elternteil so zu vermitteln, daß es auch im unglücklichsten Fall des völligen Versagens eines sterbenden Elternteils ein Bewußtsein der positiven Elemente und der Bemühungen in einem verzweifelten und oft aussichtslos erscheinenden Lebenskampf des Verstorbenen behält. Die Schwierigkeit besteht darin, daß das «Wie» dieser notwendigen Stütze jeweils von der Vermittlungs- und Gesprächsfähigkeit des überlebenden Elternteils abhängt. Je mehr aber hinterbliebene Eltern mit ihrer eigenen Trauer beschäftigt sind, desto einsamer und schwerer wird das Verlustgefühl für die Kinder.

Ohne hier im einzelnen darauf eingehen zu können, sollte doch das Problem der Wiederverheiratung eines Elternteils nach dem Tode des Ehepartners erwähnt werden. Nicht nur die Realität ökonomischer Bedingungen kann zu einem solchen Entschluß zwingen, sondern auch das Recht auf eine neue Lebensentwicklung und Entfaltung jenseits des Verlustes.

Kinder werden in dieser Situation vor ähnliche innere Loyalitätsprobleme gestellt wie bei einer Ehescheidung, jedoch fehlt die Wirklichkeit des anderen Elternteils, die bei einer Scheidung fortbesteht. Der Zwiespalt zwischen der Anhänglichkeit an den verstorbenen Elternteil und der gleichzeitigen Sehnsucht nach einem vollgültigen Ersatz und einem neuen Leben ist für Kinder nicht leicht zu lösen. Wie gut die Anpassung gelingt, hängt weitgehend von der emotionalen Offenheit und Zuneigung zu dem an Wiederverheiratung denkenden Elternteil ab, aber auch von dem Maß an geheimer Eifersucht oder Rivalität gegenüber einem neuen Vater oder einer Stiefmutter. Ältere Kinder neigen zur Ablösung und Verselbständigung, während jüngere Kinder Anlehnung und Liebe um so mehr suchen, je weniger sie die Trauer um den Verlust wirklich bewältigen konnten.

Die besonderen Probleme der Jugendlichen

Allgemein gilt sicher die Regel, daß ein Kind den Tod seiner Eltern um so besser bewältigen kann, je älter, reifer und seelisch gesünder es ist. Dennoch gibt es eine Ausnahme, die oft übersehen wird. Trifft der Tod von Vater oder Mutter in die kritische Reifungsphase der Pubertät und Adoleszenz, so fühlen sich Jugendliche oft um den Prozeß der natürlichen Ablösung betrogen, in dem sie sowohl die positiven wie die negativen Seiten der elterlichen Wirklichkeit wahrzunehmen lernen, um darauf ihre eigene, unabhängige, neue Identität zu begründen. Die Neigung, den verstorbenen Elternteil zu idealisieren, verbietet es, die denkbaren negativen Seiten, die andernfalls unweigerlich in der Ablösungsphase zum Tragen gekommen wären, überhaupt in Betracht zu ziehen. Das führt bei männlichen Jugendlichen dann später oft zu einer verlängerten Protesthaltung gegenüber Vorgesetzten und jeder Art von Autorität. Diese Beobachtung hat sich vor allem bei jungen Männern bestätigt, deren Väter im Kriege gefallen waren, ohne daß ihnen eine ausreichende Ablösung und Auseinandersetzung mit dem lebenden Vater möglich gewesen wäre. Dies wird dann deutlich erkennbar, wenn eine rebellische Haltung gegenüber jeder Autorität über das 25. Lebensjahr hinaus anhält und nicht in größeres Vertrauen gegenüber erwachsenen, gutmeinenden Mentoren umgewandelt werden kann.

Für Töchter in den Entwicklungsjahren kann der Verlust des Vaters insofern noch bedenklichere Konsequenzen haben, als die verborgene Sehnsucht und die frühkindliche weibliche Anlehnungsphantasie an den Vater zu einer Art Dauersuche nach liebevollen Vatergestalten führen. Ähnlich dem «Madonnen-Dirnen»-Komplex des männlichen Jugendlichen, der bis ins Erwachsenenalter anhalten kann und dann die Welt der Frauen in zwei gegensätzliche Pole spaltet, kämpfen weibliche Jugendliche mit einer ähnlichen «Ritter-Räuber»-Phantasie. Sie enthält einerseits die Idealvorstellung des perfekten Mannes, der Mann, Vater und Geliebter zugleich sein soll, andererseits aber auch die Prostituierten-Phantasie, die nicht nur Sexualität mit Vergewaltigung, Auslieferung und Beherrschtwerden verbindet, sondern auch Rache an allen Männern als unbewußte Vergeltung für den Verlust sucht. Die Folge ist dann eine ständige Suche, aber gleichzeitig auch Ablehnung und Mißtrauen gegenüber vollkommenen Vatergestalten, die immer wieder an der Angst vor dem bedrohlichen, enttäuschenden Anteil der Vaterfiguren scheitert. Auch hier fehlt die Auseinandersetzung mit der Wirklichkeit des noch lebenden Vaters, die zu einem anderen, wirklichkeitsnäheren Ergebnis führen würde.

Gerade Jugendliche unterdrücken jedoch, den gesellschaftlichen Regeln folgend, meist alle Anzeichen der Trauer, wenn ihnen die Umgebung nicht hilft, sowohl die Enttäuschung und den Zorn über den Verlust («Wie kannst du mir das antun!?») als auch die verletzlichen Anlehnungs- und Identifizierungswünsche auszusprechen. Die Gefahr besteht für Söhne darin, daß sie von einer deprimierten Mutter in die Rolle des Ersatzvaters gedrängt werden. Das geschieht gelegentlich auch ältesten Töchtern, die dann leicht in eine männliche Rolle verfallen und später Schwierigkeiten mit männlichen Partnern haben.

Ein ähnlicher Zusammenhang entsteht für eine jugendliche Tochter, wenn die Mutter stirbt und der Vater sie unbewußt in die Rolle der Mutter drängt. Je nach dem Ausmaß der geheimen

Inzestphantasien, die als Wiederholung frühkindlicher Tagträume sich dann verstärken, bleibt der heranwachsenden Tochter dann nur noch ein widerspenstiges Abwehrverhalten, wenn sie nicht unter zunehmenden Schuldgefühlen gegenüber der verstorbenen Mutter leiden will.

Wenn Bruder oder Schwester sterben

Besonders einsam bleibt ein Kind oft beim Tod eines Geschwisters, weil die Eltern in der eigenen Trauer aufgehen. Für das Kind entsteht dabei Identifizierungsangst, die zugleich oft ein Identifizierungswunsch mit dem sterbenskranken Bruder oder der Schwester ist. Abhängig von der Geschwisterreihenfolge und dem jeweiligen Platz in der «Rangordnung» der Kinder, erleben Geschwister sowohl Rivalitätsgefühle mit Schuldängsten als auch schmerzliche Verlustgefühle. Man muß sich aber dazu zunächst die Bedeutung der Geschwisterfolge vergegenwärtigen, die oft übersehen wird. Obwohl viele moderne Ehen sich heute auf ein oder zwei Kinder beschränken, gibt es dennoch größere Kinderzahlen. Ein Altersunterschied von mehr als sechs bis sieben Jahren zwischen Geschwistern wird von beiden Kindern eher in der gleichen Weise erlebt, in der ein Einzelkind aufwächst. Dennoch wird das jüngere Kind auch beim Unterschied von mehr als sechs bis sieben Jahren bestimmte Gefühle auf das ältere Geschwister übertragen, die eigentlich den Eltern gelten. Das betrifft positive Zuneigung ebenso wie Ärger, Dickköpfigkeit, Rivalität und Nachahmung. Anders ist es bei einer dichteren Geschwisterfolge von ein bis zwei Jahren Abstand zwischen den Kindern. Hier hängt es wiederum davon ab, ob es sich um eine gleichmäßige Folge von Brüdern oder Schwestern in einer Reihe handelt oder ob die Folge unterbrochen ist und sich bestimmte Paare oder einander überschneidende Beziehungen sowohl zwischen Brüdern, Schwestern oder zwischen Bruder und Schwester ausgeprägt haben. Jeder, der aus einer Familie mit mehr als vier Kindern kommt, wird sich unschwer an bestimmte Bündnisse, halbe

Verschwörungen und allerlei Wechselbeziehungen erinnern, die sowohl für bestimmte Spiele, Rivalitäten, Eifersucht, Neid als auch für Zuneigung, gegenseitige Hilfe, Wärme und Neugierverhalten hilfreich oder hindernd waren, von der Deckung oder dem Verrat gegenüber Eltern und Autoritäten ganz abgesehen. Von daher bestimmen sich dann auch die Gefühle überlebender Kinder gegenüber einem gestorbenen Geschwister.

Manche Eltern, besonders Mütter, haben große Schwierigkeiten, den Verlust eines Kindes zu überwinden. Für die Geschwister kann eine extreme Trauer der Mutter zu einer Gefährdung werden, besonders wenn es sich um jüngere Kinder handelt, denen ein idealisiertes Verhalten des verstorbenen Kindes zum Vorhalt gemacht wird: «Hanna hätte das nie getan!» Die jüngere Schwester befindet sich in einer hoffnungslosen Situation, denn wie könnte sie je mit der toten Schwester rivalisieren? Wenn die Trauer der Eltern um das verstorbene Kind ihre Zuwendung und Liebe zu den überlebenden Kindern beeinträchtigt, verstärken sich deren Schuldgefühle. Irma begegnet der sie rügenden Mutter schließlich zornig: «Ich wünschte, ich wäre tot wie Hanna. Dann hättest du mein Bild auch auf dem Klavier stehen, und ich bekäme täglich deine Blumen!» Es wäre kein Wunder, wenn Irma eine ernstere Krankheit entwickeln würde, um wenigstens einen Teil der Zuwendung der Mutter zu bekommen, die sich ausschließlich in der Trauer um die verstorbene andere Tochter erschöpft.

Mitunter haben nahestehende Freunde den Mut, auf die Einseitigkeit der Trauer hinzuweisen. So sagte eine Freundin zu der im dritten Jahr um den verstorbenen Sohn hilflos trauernden Mutter: «Wenn du so weitermachst, wirst du den anderen Buben auch noch verlieren!» Auch dieser mutige Hinweis wäre wahrscheinlich nicht erfolgt, wenn nicht ein Lehrer den jüngeren, überlebenden Bruder in der Schule bei einem waghalsigen Balanceakt auf dem Geländer im dritten Stock des Schulhauses gestellt hätte. Auf den Hinweis, daß er zerschmettert im Treppenhausflur am Boden liegen könne, antwortete der Elfjährige schadenfroh trotzig: «Ich wollte nur mal sehen, ob Gott mich lieb hat!»

Alles deutet darauf hin, daß hinterbliebene Geschwister allein deshalb mehr Liebe und Aufmerksamkeit brauchen, weil sie, besonders in jüngerem Alter, unfähig sind, ihre Trauer in Worte zu fassen. Der nagende Zweifel, daß es vielleicht den Eltern lieber gewesen wäre, wenn es selbst gestorben wäre, beginnt in jedem Kind in dem Augenblick, in dem sein Verhalten mit dem des verstorbenen Geschwisters verglichen wird. Oft werden in vermeintlich bester Absicht törichte Warnungen ausgesprochen: «Werde nie so wie deine Schwester!» oder gar: «Junge, werde nie so wie dein Vater!» Wenn es sich dabei auch noch um Verstorbene handelt, rühren solche Worte einen Sturm zwiespältiger Gefühle in einem Kinde auf, das die Schwester oder den Vater vielleicht völlig anders in Erinnerung hat.

Das todkranke Kind

Um ein erkranktes Kind entsteht eine eher noch größere Verschwörung der Verleugnung zwischen Eltern, Geschwistern, Ärzten und Pflegepersonal als beim erwachsenen Patienten. Aber selbst jüngere Kinder nehmen aus den Gesichtern, den Gesten, der übertriebenen Heiterkeit oder den plötzlich nicht mehr zu beherrschenden Tränen der Erwachsenen nur allzu bald wahr, wie es um sie steht. Es erfordert großen Mut, einem Kinde gegenüber bei der Wahrheit zu bleiben, wenn es mit großen, unschuldigen Augen die ängstliche Frage stellt: «Muß ich nun sterben?» Der innere Kampf zwischen Hoffnung und Verzweiflung wird in dem Ausmaß erschwert, in dem die beteiligten Ärzte den Eltern entweder die volle Wahrheit verbergen oder sie zu lange beschönigen, selbst wenn dies von seiten des Arztes in der ernsten Bemühung geschieht, das Leben des Kindes zu retten und es nicht unnötig oder vorzeitig zu beunruhigen.

Als junger Arzt habe ich genügend Nächte am Bett Sterbender verbracht, um jene paradoxe Wirkung der Wahrheit zu kennen, die die einzig wirkliche Hoffnung des erfahrenen Arztes ist. Oft genug geschah es, entgegen allen Erwartungen nüchtern medizinischer Beurteilung, daß ein junger, im Sterben liegender Mensch gleichsam aus tiefsten unbewußten Lebensquellen unerklärliche Kräfte mobilisierte und, bereits mit den letzten Sakramenten versehen, wie durch ein Wunder die Todeskrise überlebte, nachdem ihm in einem ruhigen Gespräch die Wahrheit, wie es um ihn stand, nicht mehr vorenthalten wurde.

Freilich wird sich niemand im Umgang mit einem todkranken Kind auf ein solches «Wunder» verlassen können. Vielmehr kommt es, besonders bei jenen Krankheiten, deren nahezu unabweisbar tödlicher Verlauf bekannt ist, darauf an, nicht bis zum letzten Augenblick zu warten und dem Kinde gleichsam den Frieden des gütigen Abschieds zu stehlen. Die bedenklichste Verantwortung wird Eltern von jenen Ärzten aufgeladen, die in falschen Allmachtsvorstellungen über sich selbst und ihre therapeutischen Möglichkeiten die Eltern warnen, daß sie das Kind durch das Eingeständnis der Wahrheit gleichsam vorzeitig umbringen könnten. Der stumme Zorn der Eltern ist dann berechtigt, wenn der gleiche überoptimistische Arzt nach dem Tode des Kindes nicht mehr sprechbar ist und zwei Wochen später seine Rechnung ohne eine einzige persönliche Begleitzeile ins Trauerhaus schickt.

Eine zu lange Verleugnung der Wahrheit führt eigentlich zu einer Art Trosthaltung des sterbenden Kindes, so als müsse es seinerseits die Eltern schonen, weil diese die Wahrheit nicht ertragen können. Ich erinnere mich an einen zwölfjährigen Buben, der in völlig abgemagertem Zustand mit einer unheilbaren Krankheit nur noch in geringem Maße flüssige Nahrung zu sich nehmen konnte. Die Eltern hatten mich um Rat gebeten, weil wir uns von früher kannten. Während meines Besuches gemeinsam mit den Eltern im Krankenhaus brachte eine Schwester die Nährflüssigkeit ins Zimmer. Der Junge blickte mit einem milden Lächeln zu den Eltern und mir auf und sagte: «Entschuldigt, aber ich muß jetzt essen, damit ich wieder zu Kräften komme!» Ich bat die Eltern hinaus, weil weder sie noch kaum ich selbst die

Tränen zurückhalten konnten. Diese Szene habe ich nie vergessen, denn sie traf mich in einem Augenblick, in dem ich Franz Kafkas «Höflichkeit der Opfer» von neuem überdachte. Nach meinem Gespräch mit den Eltern blieben ihnen Gott sei Dank noch vier Tage, bevor Bewußtlosigkeit und Tod des Kindes eintraten. Gegen den heftigen Protest des behandelnden Arztes und mit tiefer Erleichterung der Krankenschwestern war es den Eltern in dieser Zeit noch möglich, mit Rudi über sein Sterben, ihre tiefe Trauer und seinen Abschied von der Welt zu sprechen. Seine Mutter erzählte mir viel später, daß er so glücklich war, endlich darüber sprechen zu können, denn er hätte es schon seit vier Wochen an den Gesichtern der Schwestern gemerkt, die er sehr gern mochte, daß er sterben würde. Er habe sich aber nicht getraut, es den Eltern zu sagen, weil er sie nicht traurig machen wollte.

Unfall und Selbstmord

Am meisten schuldbeladen, oft mit verheerenden späteren Konsequenzen für die Überlebenden, ist der Unfalltod eines Geschwisters, für das ältere Brüder oder Schwestern die Aufsichtsverantwortung übernommen hatten. Entsetzlicher noch ist es für Eltern, wenn sie alleingelassene Kinder durch Feuer oder Unfälle verlieren, die die Kinder in der Abwesenheit der Eltern verursacht und erlitten haben. Schon darin unterscheidet sich das jeweilige Familienklima, denn hinter vielen Kinderunfällen steht entweder die Überfürsorglichkeit der Eltern, die das Kind in seinem natürlichen Instinkt verunsichert hat, oder gleichgültige Achtlosigkeit, für die das Kind sich dann mit Selbstbeschädigung unbewußt rächt, um Aufmerksamkeit und mehr liebende Zuwendung zu erzwingen. Die erschreckend ansteigende Zahl der Kindesmißhandlungen, der physische wie der unsichtbare, aber länger anhaltende psychologische Mißbrauch von Kindern beweist deutlich das wachsende Ausmaß von Elternhaß, von Unkenntnis und von einer oft mangelnden Reifeentwicklung von Eltern, die nicht wissen, was sie mit ihren häufig ungewollten Zufallskindern anfangen sollen. In diesem Zusammenhang ist die ansteigende Selbstmordziffer der Jugendlichen – die höchste statistische Zahl aller Selbstmorde – eine verzweifelte Dokumentation des Liebesverlustes, der von den mit sich selbst überbeschäftigten Eltern verleugnet wird. Die meisten Eltern stehen dem Selbstmord eines Kindes nachträglich so entsetzt gegenüber, weil sie zuvor in selbstzufriedener Ahnungslosigkeit, ohne jeden wirklichen Kontakt und ohne Verstehen der tiefen Lebenszweifel des Kindes die Gefahr verleugnet haben, obwohl die meisten Jugendlichen nachweislich lange vorher verzweifelt und auf alle möglichen Weisen ihren Zustand zu signalisieren versuchen.

Dabei ist einer der Hauptgründe für Selbstmordphantasien und Aktionen Jugendlicher das ihnen erkennbare tiefe Zerwürfnis der Eltern, die eine Lebenslüge hinter einer ökonomischen, konventionell sinnentleerten oder eigensüchtigen Fassade zu verbergen suchen. Die häufigste Klage vieler Jugendlicher: «Die wollen immer nur von sich selbst und ihrer Jugend reden und mir erzählen, wie ich leben soll. Hinhören können die nicht mehr. Wenn ich einen Satz anfange, kommt gleich ‹Ja aber› und eine lange Predigt. Das langt mir dann schon, denn die wollen ja nichts verstehen!» In diese Einsamkeit getrieben, bedarf es dann nur noch des Zusammenbruchs der Beziehungen zur Altersgruppe oder eines enttäuschenden Liebeserlebnisses, und der Selbstmord-Kurzschluß wird zur Wirklichkeit. Selbst die eingeweihten Geschwister sind dann oft hilflos, weil sie nicht mehr wagen, die Eltern zu verständigen, teils aus falscher Loyalität zum verzweifelten Bruder oder der Schwester, teils weil sie selbst nicht mehr daran glauben, daß die Eltern die Mitteilung ernst nehmen und ihr Verhalten ändern würden. Was Kindern in dieser Situation oft begegnet, ist eine Art interesseloses Interesse, das irgendeinem Objekt, gleichsam als «Fall», aus Neugier entgegengebracht wird, ohne jede Gefühlsbeteiligung oder Einfühlung in die bestehende Verzweiflung, die von den Eltern zur Erhaltung der eigenen Seelenruhe verharmlost wird. Verständnisvollere Lehrer fürchten, in komplizierte Rechtsverfahren wegen

Einmischung in die Familie verwickelt oder von den Eltern abgewiesen zu werden, wenn sie auf wahrgenommene ernste Schwierigkeiten eines Heranreifenden hinweisen. Das Überbeschäftigtsein, die Gier nach Geld und Erfolg und die zunehmende Verflachung des Einfühlungsvermögens in andere, erkennbar an der eisernen Rücksichtslosigkeit zeitgenössischen Sozialverhaltens, fordern ihren Preis in der Selbstmord-«Rate» der Jugendlichen und jungen Erwachsenen, die nur annähernd so stark, jedoch bei weitem niedriger ebenso bei alternden Männern ansteigt. Historiker mögen einwenden, daß diese Todesstatistiken den früheren «Verlustraten» der Kriege entsprechen, jedoch liegt darin wenig Trost für überlebende jüngere Kinder, die der Selbstmord eines Geschwisters aus ihrer Lebensbahn reißt und ihre innere Sicherheit um so mehr unterhöhlt, je mehr die hinterbliebenen Eltern ihr eigenes unbewußtes Zutun hinter zahlreichen und sich selbst entschuldigenden Erklärungen zu verhüllen suchen.

Ein erschreckendes Beispiel aus der «Perserteppich-Atmosphäre» des Wohlstandes mag dies erläutern: Als Trost und Hilfe erhält die 18jährige Schwester eines 19jährigen Bruders, der sich mit einer Überdosis Heroin umgebracht hat, vom «verständnisvollen» Vater einen Porsche-Sportwagen geschenkt. Acht Wochen später ist sie tot, verunglückt bei einer rasenden Bergfahrt mit einem Freund. So ungewöhnlich und extrem dieses Beispiel erscheinen mag, es erhellt doch, daß wir meist eher ans Krankenhaus mit hoffentlich erfolgreicher Wunderbehandlung durch allwissende Ärzte denken, wenn wir die Möglichkeit des Sterbens eines unserer Kinder überhaupt in Erwägung zu ziehen bereit sind. Auch hier weist die Statistik ganz deutlich darauf hin, daß die Unfallquote mit tödlichen Folgen für Kinder beinahe höher ist als die Zahl der Kinder, denen in längerer Krankheit genügend Zeit bleibt, mit Eltern und Geschwistern gemeinsam ihr Sterben zu verstehen und zu bewältigen.

Was können wir sagen?

Es gibt gewiß kein allgemeingültiges Rezept, da jede Antwort von der Art des Gespräches, der Stimmung der Beteiligten, ihrem Verhältnis zueinander, von der Vorgeschichte, den Todes- und Krankheitsbedingungen und nicht zuletzt von der Übereinstimmung von Wort und Ton abhängen. Dennoch mag es, ebenso wie es Grundfragen gibt, auch einige Grundantworten geben, die als Vorstellungsinhalt hilfreich sein mögen:

1. *Wann und unter welchen Umständen auch immer* Kinder über den Tod sprechen wollen oder Fragen stellen, sollte der beteiligte Erwachsene niemals ausweichen oder auf später vertrösten. Ist aus momentanem Zeitmangel ein Gespräch nicht möglich, so sollte der Erwachsene in jedem Fall ohne lange Verzögerung auf die Frage des Kindes zurückkommen und sie nicht einfach vergessen oder verdrängen.

2. *Fragen des Kindes* sollten offen und ehrlich beantwortet werden, jedoch mit der Vorsicht einer ruhigen Gegenfrage, etwa: «Was stellst du dir denn vor?» oder bei älteren Kindern: «Was denkst du denn?» Diese Behutsamkeit gibt nicht nur die

Möglichkeit, den kindlichen Vorstellungsbereich zu erkunden, sondern verhütet auch eine unnötige Überforderung des Kindes.

3. Das Gespräch sollte von seiten des Erwachsenen niemals ohne die Frage beendet werden, ob die gegebenen Erklärungen ausreichen und zufriedenstellen. Jedes Gespräch sollte offen enden, etwa mit der Formel: «Wenn du darüber nachdenken willst und später noch weitere Fragen hast, kommst du zu mir, dann können wir weiter sehen.»

Wie am Anfang betont, muß die Antwort auf die Frage nach dem möglichen eigenen Tod des Vaters oder der Mutter oder eines Geschwisters genauso ehrlich mit ja beantwortet werden wie die Frage eines Kindes nach seinem eigenen möglichen Tod. Es kommt aber darauf an, zugleich einen weiten Zeitrahmen zu verdeutlichen, der das Kind vor der unnötigen Angst schützt, daß es die Eltern bald verlieren könnte.

Christlicher Glaube erleichtert es, zugleich auf Gottvertrauen und eine ins Unendliche reichende Zukunft zu verweisen. Daraus kann das Kind sowohl Hoffnung schöpfen als auch die Unabänderlichkeit von Tod und Leben sowie den Sinn der Generationenfolge allmählich erkennen.

Im Gegensatz zu falschen, modernistischen Auffassungen erfüllen viele klassische Märchen, die der Gebrüder Grimm ebenso wie andere, in ihrer kleineren Kindern leicht zugänglichen Symbolform als jahrhundertelang gesammelte Lebensweisheit der Menschheit bereits den Zweck, Kinder mit Leben und Sterben vertraut zu machen, ohne als Bedrohung zu wirken. Manche Erzieher befürchten, Märchen seien zu grausam und zu beängstigend. Sie verkennen dabei völlig, daß menschliches Leben traurige und gefährliche Erfahrungen enthält, auf deren Wirklichkeit Kinder vorbereitet werden müssen. Märchen regen zugleich Fragen der Kinder an, die ein sich selbst fortsetzendes Gespräch erlauben, wenn solche Geschichten laut und vor allem wiederholt im gleichen Text vorgelesen werden. Der Zusammenhang mag zunächst überraschen, aber jede Durchsicht von Märchenbüchern verdeutlicht auch dem Erwachsenen, daß die meisten Inhalte zukunftsgerichtet und lebensbejahend sind, obwohl sie den Tod in vielerlei Formen einschließen.

4. Kinder sollten behutsam und rechtzeitig auf den bevorstehenden Tod eines nahen Familienmitgliedes vorbereitet werden. Nichts ist schlimmer für ein Kind, als durch die scheinbare Vorsorge der Erwachsenen sich ausgeschlossen zu fühlen, während es instinktiv und intuitiv die Veränderungen im Verhalten der Umgebung wahrnimmt, sich den Zusammenhang jedoch nicht voll erklären kann und sich dadurch alleine gelassen fühlt.

Geht längere Krankheit voraus, so empfiehlt es sich, wenn der Ausgang gewiß ist, kleineren Kindern eher im Anfangsstadium der Krankheit einen Besuch zu ermöglichen, Jugendliche dagegen zu Gesprächen mit dem Sterbenden zu ermutigen. Beides sollte nie ohne aufmerksame Beobachtung der Nachwirkungen und ohne ein offenes Gesprächsangebot von seiten der gesunden Erwachsenen bleiben. Auch hier haben Verschweigen, Beschönigen, Verleugnen oder Verheimlichen eher die Wirkung eines ernsten Vertrauensbruches. Dem Kind muß allerdings in den meisten Fällen erklärt werden, daß es von sich aus den Sterbenden oder aussichtslos Kranken nicht nach seinem Tod fragen kann, es sei denn, der Sterbende eröffnet sich selbst. Letzteres geschieht häufiger, besonders gegenüber Jugendlichen.

5. Kinder jeder Altersstufe bedürfen der seelischen Hilfe und des ernst gemeinten Beistandes ihrer nächsten Umgebung, wenn ein Elternteil tödlich erkrankt und stirbt. Wie mehrfach zuvor betont, ist die zunächst schmerzlich aufbegehrende Frage: «Warum trifft das gerade mich?» – «Was bleibt mir nun?» durchaus natürlich für jeden Überlebenden. Im Umgang mit dem Kind gilt es vor allen Dingen ängstliche und schuldbeladene Gefühle zu beruhigen, in wirklichkeitsnaher Weise auf die bevorstehenden Veränderungen vorzubereiten und über den ersten Schmerz des Verlustes tätig hinwegzuhelfen, besonders bei der sorgfältigen Vorbereitung auf den Trauergottesdienst und das Begräbnis, wenn das Kind, geschützt durch einen ihm eng vertrauten Erwachsenen, daran teilnimmt.

Die schwierigere Aufgabe entsteht in den folgenden Wochen und Monaten, wobei gelegentliche Gespräche und Erinnerungen an frohe, gemeinsame Erlebnisse mit dem verstorbenen Elternteil oder Geschwister ebenso helfen können wie Hinweise auf die frühere Lebensbejahung des Verstorbenen. In jedem Fall sollte man sorgfältig hinhören und weder abzulenken noch zu bagatellisieren versuchen, wenn ein Kind sich seine Schuldgefühle gegenüber einem Verstorbenen vom Herzen reden möchte. Stilles Annehmen, Verstehen und ein tröstender Hinweis auf die Vergebung, deren wir alle bedürfen, wirkt beruhigender als jedes Ausredenwollen.

Wie zuvor betont, erschwert zu großes Mitleid die Trauer, während die Erweckung neuer Interessen und größerer Nähe von den meisten Kindern als hilfreich erlebt wird, ebenso wie die Freigabe zum Zusammensein mit Altersgenossen.

6. *Am schwersten* ist gewiß die Hilfeleistung für Kinder, die ihre Eltern oder Geschwister völlig unvorbereitet durch Unfall oder Selbstmord verlieren. Entscheidend ist aber auch dann der verständnisvolle Beistand, der wegen der Plötzlichkeit des Geschehens mehr Geduld und Zuwendung erfordert. Dem Kind muß Gelegenheit gegeben werden, seine positiven wie negativen Erinnerungen an die persönlichen Beziehungen, seine Erlebnisse und Gefühle gegenüber einem Erwachsenen auszusprechen, der gelernt hat, genau hinzuhören, zu ermutigen und nicht abzulenken. Sowohl bei Unfalltod wie bei Selbstmord von Familienmitgliedern wird oft die Inanspruchnahme therapeutischer Hilfe (Psychotherapeut, Psychagoge) für einige Zeit kaum zu umgehen sein, besonders beim Verlust beider Eltern, wenn keine näheren Verwandten existieren. Die Trauer des Kindes wird erleichtert, seine Ängste werden gemildert, sobald eine klare Zukunft entworfen werden kann. Geschwister sollten nach Möglichkeit für die ersten Wochen und Monate zusammenbleiben können, weil anderenfalls dem schweren Verlust ein weiterer Verlust folgt, der Anklammerungsängste auslösen kann.

7. *Schließlich stellt sich die Frage,* ob die Hilfe für überlebende Kinder jeweils stets von einem Elternteil oder nahen Verwandten ausgehen muß, insbesondere wenn letztere die eigene Trauer und Depression kaum überwinden können. Obwohl nicht alle Erziehungs- und Familienberatungen sich dieser Aufgabe annehmen können, ist es doch oft ratsam, nach vorübergehender fachlicher Hilfe Ausschau zu halten. Meist gelingt es dabei, dem Kind einen konstruktiven Anschluß an seine Altersgruppe zu vermitteln, entweder in einer therapeutischen Jugendgruppe oder in einer Selbsthilfegruppe, die über fachlichen Beirat verfügt. Der Austausch zwischen Kindern und Jugendlichen ist freier und oft hilfreicher als die gutgemeinten Versuche hilfloser Verwandter, denen es mehr darum geht, ein überidealisiertes Bild der Toten zu bewahren. Auch ist die Distanz zwischen dem Erwachsenen und dem Kinde viel größer als die einfachere Sprache und Vorstellungswelt zwischen Kindern und Jugendlichen.

Alle Nachwirkungen des Todes und der unbewältigten Trauer auf die Familiensituation der Hinterbliebenen und deren Konsequenzen für die weitere Entwicklung der Kinder hängen freilich weitgehend davon ab, wie weit die Erwachsenen wirklich erwachsen sind. Trauer und Verlust bewirken aber in uns allen eine Neigung zur Regression, zum Zurückfallen auf frühere, kindlichere und primitivere Stadien unserer Gefühlsentwicklung. Das bedeutet keineswegs, daß etwa Tränenlosigkeit reiferes Erwachsensein beweist. Aber der Erwachsene weiß, daß Schmerz und Trauer in langer, ständiger, aber in ihrer Stärke sich vermindernder Pein im Ablauf der Zeit heilen und die Umwendung zum Weiterleben und zur Zukunft eine unausweichliche Notwendigkeit wird. Kinder dagegen können nicht ahnen, ob und wann die Tränen der Erwachsenen versiegen werden. Sie wissen auch nicht, wann es angebracht ist, vom Trauern zum Leben zurückzukehren. Weil es Kindern oft nur schwer möglich ist, in Worte zu fassen, was sie fühlen, bleibt es Aufgabe des Erwachsenen, weniger über die eigene Trauer und den eigenen Lebenszusammenhang zu reden als vielmehr stellvertretend für das Kind seine Gedanken, Gefühle und Ängste auszusprechen. Für jüngere Kinder wird das leichter sein, wenn das verstorbene Familienmitglied in ein gemeinsames, nicht nur formelhaftes Gebet eingeschlossen wird. Dem Kind gibt diese Anregung die Möglichkeit zu einem eigenen Gespräch mit dem Toten, in dem es seine Trauer und Hoffnung vor Gott hintragen kann. Eine weitere Möglichkeit, die jeder Erwachsene in vernünftigem Maße anwenden wird, ist die Erinnerung: «Wenn Vater jetzt bei uns wäre, würde er sich sicher über dein Zeugnis (über deinen Erfolg) freuen!» – «Mutter würde sicher wünschen, daß wir ihren Geburtstag freudig so begehen wie zu der Zeit, als sie noch bei uns war.» – «Wenn Hanna noch lebte, hättest du sicher dieses Gedicht ihr gewidmet.»

Die Verstorbenen sind für eine lange Zeit in unser Leben eingeschlossen, aber es kommt darauf an, ihnen jene Gestalt zu verleihen, die den Tod als sinnerfülltes Leben enthüllt, als den Augenblick in der unumkehrbaren und ungewissen Strecke des Lebens, an dem unser Mühen belohnt wird durch eine Freiheit, die wir nur erahnen können. Nur dadurch kann das Kind Zuversicht in das Leben gewinnen, das noch vor ihm steht, und lernen, daß es noch viele, vielleicht härtere Verluste zu überwinden haben wird, die ihm als Zeichen der Lebensbewährung gesetzt sind. Das wird ohne tiefes Gottvertrauen kaum möglich sein. Wir sind aber heute in der Gefahr, unser menschliches Leben so sehr mit unbegründeten, modernen Allmachtsphantasien zu überlasten, daß wir den Tod als endliche Bestimmung des irdischen Daseins allzuleicht verleugnen.

Obwohl kaum vergleichbar mit dem tragischen Einzelschicksal, sei doch daran erinnert, daß Tausende von Kindern in der ganzen Welt in Kriegen, Hungersnöten, Raubüberfällen und Katastrophen Eltern, Geschwister und jeden sorgenden Erwachsenen in ihrer Umgebung verloren haben und noch täglich in vielen Teilen der Welt verlieren. Die Zahl der verlassenen, vernachlässigten und verwaisten Kinder geht auch in westlichen Ländern in die Millionen. Viele heutige Erwachsene, die ein gleiches Schicksal erlitten, haben ihr Leben gemeistert, oft durch harte Erfahrungen, die nun ihren eigenen Kindern indirekt zugute kommen sollten. Wiewohl wir auf einen natürlichen, instinktiven, inneren Schutz jedes Kindes vertrauen können, darf dies nicht zur Gleichgültigkeit gegenüber den möglichen Folgen vernachlässigter seelischer Hilfe verleiten. Im Gegenteil: Wir sind erst am Anfang eines langen Lernprozesses, der noch über mehrere Generationen Arbeit an uns selbst und neue Einsichten erfordert, um jene Schäden zu verhüten, die ein Kind später zum Außenseiter werden lassen, weil die für seine Entwicklung verantwortlichen Erwachsenen mit sich selbst nicht ins reine kamen und weder leben noch sterben konnten – aus Mangel an Gottvertrauen.

Es ist gewiß nicht die militante, politische oder machtbewußte Seite der kirchlichen Institutionen, die hier Abhilfe versprechen könnte. Vielmehr bedarf es der re-ligio, der echten Rückbindung des einen an den anderen, in der jedermann aufgerufen ist, in seinem Leben und Sterben Zeugnis abzulegen für seinen Schöpfer, der ihm sein Leben gab und ihn in seinem Tode, der zu seinem Leben gehört, zu sich ruft. Dies Kindern zu vermitteln mag unsere größte, schwierigste Aufgabe sein, für die es aber nur des guten Willens bedarf, nicht der Vollkommenheit.

Wem es gelingt, im geforderten Augenblick auch nur einen Bruchteil der vorstehenden Grundantworten zu geben, der hat sicher mehr zum Lebensmut und der Zukunft eines der Verzweiflung nahen Kindes beigetragen als viele, wenn auch nützliche Rechen-, Deutsch- und andere oft langweilige Schulstunden. Über dem Eingang meiner Schule stand in gemeißelten Lettern: «non scolae sed vitae discimus». (Nicht für die Schule, für das Leben lernen wir.) Ich vergaß es nie, weil die meisten meiner inzwischen verstorbenen Lehrer uns jenes Bewußtsein ewig fortdauernden Lebens vermittelten. Ohne dieses kostbare Geschenk hätte ich keinem Kind und keinem Jugendlichen geduldig zuhören und seine Welt verstehen können.

«Was ich bin, das blieb ich anderen schuldig» (Goethe) ist eine Einsicht, die wir jedem Kinde vermitteln sollten, damit es im Augenblick unseres Todes um die Unvermeidlichkeit der Versäumnisse des Lebens weiß, die nur dadurch aufgehoben werden können, daß wir anderen, nach uns Kommenden ein wenig mehr zu geben wagen, als wir selbst einst empfingen.

Die Beispiele der Kinder machen uns nachdenklich, wie wohl

Ehrfurcht vor dem Leben, Demut des Menschen vor seinem Schöpfer und menschliche Würde in einer Welt aussehen würden, die seit einiger Zeit das Memento mori als Lebensmahnung verloren hat und an Tod allenfalls noch als an eine lästige, schnellstens zu überwindende Drohung denkt, der fortschreitende Wissenschaft bald abhelfen wird. Mit Kindern über den Tod zu sprechen trägt unweigerlich die uralte Gretchenfrage an den faustischen Phantasiemenschen heran: «Glaubst du an Gott?» Die Antwort kommt der Wahrheit näher, wenn wir Kindern gegenüber offen bekennen, daß wir trotz aller so hervorragenden Errungenschaften, Gedanken, Erkenntnissen, Fähigkeiten und Erfolgen nicht unsere eigenen Schöpfer und nur sterbliche Menschen sind, denen ein anderer die Stunde bestimmt, in der das verliehene Leben endet, und daß der Zerfall dessen unabänderlich ist, was wir zu Lebzeiten so stolz unser Ich nennen, um dessen Wohlergehen wir so sehr besorgt sind. Was dann einzig bleibt, sind unsere guten und bösen Taten, die uns überleben, nicht nur für einige Zeit in unseren Nächsten, sondern, wie die Menschheitsgeschichte zeigt, je nach Bedeutung über Jahrhunderte. Wir haben keinen Grund, Kinder unnötig zu ängstigen oder ihnen mit Tod und Hölle zu drohen, um sie durch falsches Schuldbewußtsein einzuschüchtern und gefügiger zu machen. Aber wie kann ein Kind anders begreifen, daß es mit seiner Geburt vor eine Reihe von Entwicklungspflichten und ansteigende Lebensstufen gestellt ist, um deren Erfüllung und Meisterung es ringen muß, wenn wir ihm nicht früh vermitteln, daß sein Leben eingefügt ist in den Willen des Schöpfers, der ihm eine Strecke des Lebens mit Versuchungen und Versagungen als Aufgabe bestimmt hat? Wir haben die stille Bescheidenheit verloren, mit der unsere Großeltern in jeden Brief und Plan die Buchstaben «s. G. w.» (so Gott will) einfügten in dem Bewußtsein, daß ihr Leben nicht unabhängig war und sie ihre Pläne vor einem höheren Gericht und ihrem Schöpfer zu verantworten haben würden. Moderne Antireligiosität und Agnostik spiegeln sich im Lichte eitlen, intellektuellen Fortschritts, der Gläubigkeit und Religion als kindliche Illusion oder Unterentwicklung erscheinen läßt. Dennoch hat noch kein intellektueller Agnostiker seinen eigenen Tod verhindern oder überleben können. Obwohl moderne Wissenschaft unsere Lebenserwartung in hundert Jahren mehr als verdoppelt hat und vielleicht weiter verlängern wird, steht am Ende dennoch das Sterben, und das Leben wird eher schwieriger in seinen Zielsetzungen, je mehr wir es zu verlängern suchen. Für ein vierjähriges Kind, selbst für einen Zehnjährigen, der mit Zahlen umgehen kann, mag die Aussicht, weitere 65 Jahre und mehr leben zu können, nicht unbedingt verlockend erscheinen, wenn er den bewegten, unzufriedenen Klagen der Erwachsenen und Alten in seiner Umgebung lauscht.

Wenn Kinder über den Tod sprechen, fragen sie mehr als wir das hören, wie es bei einer Beerdigung zugeht oder was die Toten im Sarg machen oder wie Gott die Toten zählt und durch den Sand im Sarg beobachtet, ob er sie wieder auf die Erde zurückschickt oder bei sich behält und ob sie dann eine «Masse des Friedens, der Harmonie, der Liebe und des Glücks» bilden. Diese Kinder fragen nach dem Leben: Was muß ich tun? Wie muß ich leben? Welche Hilfe kannst du mir geben? Wie kann ich die Angst vor dem Sterben dadurch überwinden, daß ich wirklich lebe? Es ist jene Angst, als lebendiger Leichnam auf dieser Erde zu wandeln, die Goethe uns wissend bekennt:

«Und solang du das nicht hast, dieses Stirb und Werde,
bist du nur ein trüber Gast auf der dunklen Erde.»

Kinder wissen aus ihrem frühen Erleben, daß es sterbendes Werden ist, das ihr Leben bestimmt: Abschied vom Paradies kindlichen Einsseins mit der Mutter, Abschied von der Unbefangenheit des Unwissenden, Abschied von der Unschuld der ersten Entdeckungen, Abschied von der unbegrenzten Freiheit kindlicher Phantasiewelten, von unbekümmerter Ziellosigkeit des vergnüglichen Zeitvertreibs. Wissen auch wir Erwachsenen vom Abschied vom Jung- und Ungebundensein, vom Abschied von den Wanderjahren, von der Unbedachtsamkeit jungen Erwachsenseins, von der stürmischen Verliebtheit, die sich zu reifer, duldsamer Liebe wandeln muß? Wissen wir, auf wie sanfte, stetige Weise wir daran gemahnt werden, daß auf diesem langen Wege schon ein sanftes Sterben geschieht und uns zum letzten Abschied von unserem Leben führt? Wollen wir es wissen?

Wie könnten wir unseren Kindern besser erklären, auf welche Weise Tod und Leben zusammenhängen, als daß wir sie mit der Lebensgeschichte, den Freuden und Leiden, die wir mit anderen teilen, so vertraut machen, daß ihnen Tod und Sterben nicht mehr als Schrecken, sondern als sinnvolle Krönung eines gelebten Lebens erscheinen!

Der Versuch lohnt sich. Die Kinder werden es ein Leben lang danken. Am meisten wohl, wenn wir selbst diese Welt verlassen und von ihnen Abschied nehmen müssen.

Christine Schwickardi (geb. 1944) wurde zunächst Kindergärtne-
rin und dann evangelische Religionslehrerin in Berlin (West).
Die Kinderzeichnungen und Aufsätze in diesem Buch sammelte
sie im Religionsunterricht. Sie engagierte sich in der kirchlichen
Medienarbeit und macht Kinderfilme für das Fernsehen. Zur
Zeit lebt sie in Erlangen, ist verheiratet und hat einen Sohn.

Tobias Brocher (geb. 1917) studierte in Berlin Medizin und
machte die Fachausbildung für Psychiatrie an der Stuttgarter
Nervenklinik. Während er in Ulm eine psychotherapeutische
Praxis hatte, gründete er dort 1954 die Familien- und Elternbera-
tung, deren Leiter er wurde. 1962 wurde er Professor für Sozial-
psychologie am Siegmund-Freud-Institut in Frankfurt/Main.
Seit 1963 ist er publizistisch tätig in Hörfunk und Fernsehen sowie als Buchautor; u. a. machte er Filme der Fernseheltern-
schule des ZDF. Er ist verheiratet und hat zwei Töchter. 1968–70
war er Gastprofessor in Pittsburgh, Pennsylvania; seit Anfang
der 70er Jahre lehrt und forscht er als Experte für Sozialpsycho-
logie und Psychoanalyse bei der Menninger Foundation in
Topeka/USA.

Praktische Tips, Ideen, Anregungen. Ratgeber für den Umgang mit Kindern im Alltag.

Gisela Brehmer
Aus der Praxis einer Kinderärztin
Entwicklung - Vollwert-Ernährung - Erste Hilfe im akuten Krankheitsfall - Alternative Heilmethoden
(rororo sachbuch 8388)

H. Clemens / R. Bean
Selbstbewußte Kinder *Wie Eltern und Pädagogen dazu beitragen können*
(rororo sachbuch 8822)
Verantwortungsbewußte Kinder
Was Eltern und Pädagogen dazu beitragen können
(rororo sachbuch 9132)

Sabine Friedrich / Volker Friebel
Entspannung für Kinder
Übungen zur Konzentration und gegen Ängste
(rororo sachbuch 9397)

Tilo Grüttner
Helfen bei Legasthenie
Verstehen und üben. Geschichten
(rororo sachbuch 8326)

H. Häsing / G. Gutschmidt
Handbuch Alleinerziehen *Mit Rechtsratgeber*
(rororo sachbuch 8896)

A. Kettner / E. Haug-Zapp
Das Kindergartenbuch *Was Eltern wissen müssen*
(rororo sachbuch 8790)

Bettina Mähler
Geschwister *Krach und Harmonie im Kinderzimmer*
(rororo sachbuch 9316)

ANNE KETTNER / EGBERT HAUG-ZAPP

Was Eltern wissen müssen

DAS
KINDERGARTEN
BUCH

MIT KINDERN LEBEN   rororo

Das rororo-Elternlexikon
Herausgegeben von Horst Speichert und Bernhard Schön
(rororo sachbuch 7981)

Andreas Schmidt
Väter ohne Kinder *Sorge, Recht und Alltag nach Trennung oder Scheidung*
(rororo sachbuch 9398)

R. Voß / R. Wirtz
Keine Pillen für den Zappelphilipp
Alternativen im Umgang mit unruhigen Kindern
(rororo sachbuch 8431)

Sollten Sie sich weiter informieren wollen, erhalten Sie in Ihrer Buchhandlung kostenlos unseren Katalog «Bücher für Eltern / Bücher für Kinder», wo Sie alle Titel der Reihen *Mit Kindern leben* und *rotfuchs* ausführlich vorgestellt finden.

Dr Jan-Uwe Rogge, Jahrgang 1947, arbeitet freiberuflich als Medienforscher und in der Familienberatung. Seit fünfzehn Jahren leitet er Elternseminare und Fortbildungsveranstaltungen zu den Themen Familie und Medien sowie kindliche Ängste und Aggressionen.

In der Reihe *Mit Kindern leben* sind bisher erschienen:

Eltern setzen Grenzen
(rororo sachbuch 9756)
Kinder brauchen Rituale und Orientierung. Dabei müssen Partnerschaft und Autorität kein Widerspruch sein. Das zeigen die vielen anschaulichen Beispiele und konkreten Vorschläge in diesem Buch. Sie führen zum besseren Verständnis der Kinder und zu einem gelasseneren Umgang im Erziehungsalltag.

Kinder brauchen Grenzen
(rororo sachbuch 9366)
Elten und Erzieherinnen reagieren heute viel sensibler auf die Kinder. Das ist nur zu begrüßen. Aber häufig sind sie auch verunsichert, wollen alles besser als ihre Eltern machen - nur keine Vorschriften! - und lassen damit die Kinder oft genug im Stich. Denn für Kinder ist es eine Überforderung, sich ohne Grenzen selbstverantwortlich in einer unübersichtlichen Welt zurechtfinden zu sollen. Dieses Buch macht Mut, mit Hilfe der manchmal verblüffenden Lösungsvorschläge auch weiter unseren Weg in partnerschaftlicher Erziehung zu gehen.

Kinder können fernsehen *Vom sinnvollen Umgang mit den Medien*
(rororo sachbuch 8598)

Gemeinsam mit Regine Rogge:

Die besten Hörcassetten für mein Kind *111 Empfehlungen für Hörspiele und Musik*
(rororo sachbuch 9731)

Die besten Videos für mein Kind *99 Empfehlungen für Eltern*
(rororo sachbuch 9730)

Sollten Sie sich weiter informieren wollen, erhalten Sie in Ihrer Buchhandlung kostenlos unseren Katalog «Bücher für Eltern / Bücher für Kinder», wo Sie alle Titel der Reihen *Mit Kindern leben* und *rotfuchs* ausführlich vorgestellt finden.

Schwangerschaft, Geburt und die ersten Lebensjahre.

Ines Albrecht-Engel (Hg.)
Geburtsvorbereitung *Handbuch für werdende Mütter und Väter. Empfohlen von der Gesellschaft für Geburtsvorbereitung*
(rororo sachbuch 9392)

Hermann Bullinger
Wenn Männer Väter werden
Schwangerschaft, Geburt und die Zeit danach im Erleben von Männern
(rororo sachbuch 7751)
Wenn Paare Eltern werden
Die Beziehung zwischen Frau und Mann nach der Geburt des Kindes
(rororo sachbuch 8096)

Irene Dalichow
Sanfte Massagen für Babys, Kinder und Eltern *Liebe, die durch die Haut geht*
(rororo sachbuch 8597)

Ulrich Dickmeyer
Das Elternbuch 1 - 6
(rororo sachbuch 9120 - 9125)

Sabine Friedrich / Volker Friebel
Einschlafen, Durchschlafen, Ausschlafen *Ruhigere Nächte für Eltern und Kinder*
(rororo sachbuch 9397)

Regina Hilsberg
Schwangerschaft, Geburt und erstes Lebensjahr *Ein Begleiter für werdende Eltern*
(rororo sachbuch 8519)

Cornelia von Hoerner-Nitsch
Das Schmusebuch *Zärtliche Spiele für Babys, Kinder und Eltern*
(rororo sachbuch 8531)

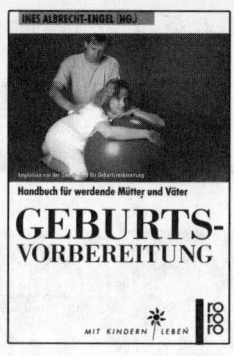

INES ALBRECHT-ENGEL (HG.)

Handbuch für werdende Mütter und Väter
GEBURTS-VORBEREITUNG

MIT KINDERN | LEBEN

rororo

Inga Bodenburg / Gunhild Grimm
Was will das Kind denn bloß?
Kleine Kinder verstehen und ihnen mehr Erfahrungen ermöglichen
(rororo sachbuch 7655)

Liesel Polinski
Spiel und Bewegung mit Babys
Das Prager Eltern- Kind-Programm
(rororo sachbuch 9379)

Bettina Mähler/ Karin Osenbrügge
Die ersten Wochen mit dem Baby
(rororo sachbuch 8766)

J. Steidinger / K. J. Uthicke
Frühgeborene *Von Babys, die nicht warten können*
(rororo sachbuch 8504)

Sollten Sie sich weiter informieren wollen, erhalten Sie in Ihrer Buchhandlung kostenlos unseren Katalog «Bücher für Eltern / Bücher für Kinder», wo sie alle Titel der Reihen *Mit Kindern leben* und *rotfuchs* ausführlich vorgestellt finden.

Das Schlimmste, was Vätern und Müttern passieren kann.

Helga Ide
Wenn Kinder sich das Leben nehmen
Trauer, Klage und die Zeit danach
112 Seiten, kartoniert

Ein Sohn der Autorin hat sich mit 18 Jahren das Leben genommen. Helga Ide erzählt von ihrem Weg durch die Trauer und von der wertvollen Unterstützung, die sie in der Gruppe »Verwaiste Eltern« in Hamburg gefunden hat.

KREUZ: Was Menschen bewegt.